Öffentliche Sicherheit durch Stadtplanung

ISBN 978-3-86676-854-3

Martin H. W. Möllers

Öffentliche Sicherheit durch Stadtplanung

Jahrbuch Öffentliche Sicherheit – Sonderband 26

ISBN 978-3-86676-854-3

Verlag für Polizeiwissenschaft
Prof. Dr. Clemens Lorei

Bibliografische Information der Deutschen Nationalbibliothek
Die Deutsche Nationalbibliothek verzeichnet diese Publikation in der Deutschen Nationalbibliografie; detaillierte bibliografische Daten sind im Internet über http://dnb.d-nb.de abrufbar.

Verlag für Polizeiwissenschaft, Prof. Dr. Clemens Lorei
Eschersheimer Landstraße 508 • 60433 Frankfurt
Telefon/Telefax 0 69/51 37 54 • verlag@polizeiwissenschaft.de
www.polizeiwissenschaft.de

Printed in Germany

Inhalt

Seite

Abb. 1: Hotel Bella Sky Comwell in Kopenhagen Südseite[1]

Abb. 2: Hotel Bella Sky Comwell in Kopenhagen Südwestseite

Die Kommunalverwaltung darf sich nicht nur als Dienstleisterin für die Bürgerinnen und Bürger ihrer Gemeinde verstehen, sondern muss vor allem darauf achten, dass sie zukunftsgerichtet ihre Stadt entwickelt. Dazu gehört es einerseits, Tradition und städtebauliche Konzepte aus früheren Epochen zu bewahren und sie nicht durch „den schnellen Euro“ unternehmerischer Vorlieben zu zerstören – Bausünden aus den 1960er und 1970er Jahren sind in nahezu allen kleinen und mittleren Städten sowie in den großen Metropolen zu finden –, andererseits sich aber keinesfalls der Moderne zu verschließen, die architektonische Höchstleistungen in optischer und ökologischer Hinsicht widerspiegeln. Es macht gerade den Reiz aus, den Kontrast innerhalb derselben Gemeinde zu genießen, der auf der einen Seite durch die Altstadt mit mittelalterlichen Fachwerkhäusern und großbürgerlichen Prachtbauten früherer Jahrhunderte entsteht, und auf der anderen Seite gestylte Architektur, die gerade darauf ausgerichtet ist, das positive Lebensgefühl zu stärken.

Derartige Kombinationen gibt es schon in deutschen Großstädten, Frankfurt a. M., Hamburg und München sind hier beispielhaft zu nennen. Besonders beeindruckend sind jedoch gelungene Beispiele aus skandinavischen Ländern. In Kopenhagen etwa entstand südlich der Altstadt der neue große Stadtteil Ørestad, der experimentierfreudige Architektur zeigt, die Besucherströme anlockt. Beispielhaft zu nennen ist etwa das Hotel Bella Sky Comwell von 2009, das aus zwei imposanten Wolkenkratzern mit 23 Etagen besteht, die je

1 Alle Fotos aus Skandinavien sind eigene Aufnahmen von April 2012.

nach Perspektive unterschiedliche, aber immer spektakuläre Eindrücke bieten (Abb. 1+2, S. 11, Abb. 3). Auch das beliebte Studentenwohnheim „Tietgenkollegiet" (Abb. 4) von 2006, dessen zylindrischer Baukörper einen großen Innenhof umgibt, zu dem alle öffentlichen Funktionen orientiert sind, ist ein architektonisch beeindruckender Bau.

Abb. 3: Hotel Bella Sky Comwell in Kopenhagen Ostseite

Abb. 4: Studentenwohnheim „Tietgenkollegiet" in Kopenhagen

Abb. 5: Im Hafenstadtteil Våstra Hamnen in Malmø 1

Abb. 6: Im Hafenstadtteil Våstra Hamnen in Malmø 2

In Malmö wurde und wird der Hafenstadtteil Våstra Hamnen der Moderne zugeführt. Beherrscht wird das spannende Viertel vom „Turning Torso", einem im Stil des Dekonstruktivismus erbauten Hochhaus von 2005 mit 54 Etagen (Abb. 7+8, S. 13), das von außergewöhnlicher Wohn- und Arbeitsbebauung umringt wird (Abb. 5+6).

Beide skandinavischen Städte sind aber nicht nur Vorbild für städtebauliche Architektur und den Erhalt historischer Bauten, sondern sie bieten außerdem eine hervorragende Verkehrsinfrastruktur. Insbesondere Kopenhagen hat seinen gesamten Innen- und Außenstadtbereich mit einem in Europa beispiellosen Radwegenetz ausgestattet, hinter dem auch Amsterdam weit zurückliegt.

Abb. 7: „Turning Torso" in Malmø

Abb. 8: „Turning Torso" in Malmø

Die nicht auf Bürgersteige verbannten, sondern immer den Straßen abgetrotzten eigenständigen Radwege sind grundsätzlich als Einbahnstraßen aus- und sehr breit angelegt, damit langsamere Radler überholt werden können. Kleinampeln regeln den Radverkehr, Fahrradfahrerinnen und -fahrer gelten hier auch faktisch als gleichberechtigte Verkehrsteilnehmer. Selbst bei kaltem Wetter um die 6° C, waren die Radwege in der Stadt sehr gut gefüllt, einen Kfz-Stau wie in anderen Großstädten konnte ich in Kopenhagen am Mittwoch meines Besuchs nicht ausmachen, obwohl ich während des gesamten Aufenthaltstags mit dem Rad rund 30 km nur in der Stadt unterwegs war.

Abb. 9: Kapelle in Bliesdorf von Otto Andersen

Abb. 10: Ferienkomplex auf Fehmarn von Arne Jacobsen

In Deutschland zeigen inzwischen nicht nur die Großstädte wie Hamburg mit ihrer Elbphilharmonie gelungene Neubauten, mit deren Errichtung der gesamte Standort auch verkehrstechnisch aufgemöbelt wurde (in Hamburg die Hafen-City). Auch in ländlichen Räumen zieht bereits seit den 1960er Jahren die vom „Bauhaus“ ausgehende Moderne ein, wie etwa die Kapelle in Bliesdorf bei Grömitz (Abb. 9), die zwischen 1964 und 1966 entstand, oder der von Arne Jacobsen geplante Ferienkomplex in Burgtiefe auf Fehmarn (Südstrand) mit Schwimmhalle und sog. „Fernsichthäusern“, deren Appartements ausnahmslos aufs offene Meer ausgerichtet sind (Abb. 10).

Diese Beispiele müssen für die Kommunalverwaltung anderer Städte und Gemeinden Ansporn sein, auch ihre Kommune weiter zu entwickeln, damit die Bewohnerinnen und Bewohner mit Freude und Engagement dauerhaft in ihr wohnen wollen und Touristen Lust haben, einen Besuch zu wagen und die Entwicklungen zu bestaunen. All dieses ist aber nur gemeinsam mit den Menschen zu erreichen. „Stuttgart 21“ und andere Beispiele, wie etwa die TESLA-Ansiedlung in Brandenburg, haben gezeigt, dass ohne Beteiligung der ortsansässigen Bevölkerung mit erheblichen Widerständen zu rechnen ist.

Seit dem Wintersemester 1987/88 war ich durchgängig in der Lehre an der Hochschule des Bundes für öffentliche Verwaltung tätig. Nach Lehrtätigkeiten am Zentralbereich in Köln und Brühl/Rheinland wechselte ich 1995 zum Fachbereich Bundespolizei in Lübeck. In verschiedenen Studienbereichen lehrte ich in den Fächern Rechtslehre, Zivilrecht, Staatsrecht und Politik und hatte die Gelegenheit, Studierende sehr unterschiedlicher Behördenzweige zu unterrichten, zum Beispiel Post- und Bahnbeamte sowie Fluglotsen vor ihrer jeweiligen

Privatisierung, angehende Bibliothekarinnen und Bibliothekare, Studierende für den Wetterdienst, das Bundeskriminalamt und die Bundespolizei. Um nicht nur rechts- und politikwissenschaftliche Lehraufgaben an der Hochschule durchzuführen, habe ich am Zentralbereich auch sehr viele Wahlfächer und Projekte angeboten, in denen ich meine anderen erfolgreich abgeschlossene Studiengänge – allen voran Geographie und Geschichte – zum Nutzen der Studierenden und aus eigenem Interesse anwenden konnte.

Inzwischen bin ich seit Dezember 2018 im (Un-)Ruhestand und gebe als Schriftleiter der Arbeitsgemeinschaft für Heimatkunde Oldenburg / Ostholstein alljährlich neu Jahrbücher heraus, die nicht nur historische Themen aufnehmen, sondern auch von Stadtentwicklungen berichten. Hier publizierte ich zum Beispiel zum „Bauhaus“ und zur „Heimatschutzarchitektur“.

Die vorliegenden Ausführungen im Buch sind nicht zuletzt auch Ausfluss oben beschriebener Wahlveranstaltungen, die sich – etwa im Zusammenhang mit der Entstehung und Nutzung von Braunkohlenfeldern im Kölner Raum (Stichwort „Hambacher Forst“), welche die Umsiedlung ganzer Städte und Gemeinden bedingen –, mit naturräumlichen Veränderungsprozessen beschäftigen. Auch kulturräumliche Entwicklungen – zum Beispiel die Erforschung historischer Stadtschöpfungen und -entwicklungen, wie z. B. die römische Besiedlung des Niederrheins –, standen im Mittelpunkt meiner Lehrveranstaltungen am Zentralbereich.

In diesem Buch geht es in erster Linie um theoretische Grundlagen, die für Prozesse der Gemeindeentwicklung eine Rolle spielen. Dabei wird davon ausgegangen, dass insbesondere die Kommunalverwaltung und ihre politische Führung diese Prozesse und Abläufe steuern. Basis des kleinen Werks sind Überlegungen, die ich bereits in meiner geographischen Dissertation[2] angestellt habe.

Die vorliegende Auflage hebt Aspekte der Sicherheitsverwaltung sowie plötzlich auftretende und daher unvorhergesehene „Lebensrisiken“ hervor, welche die Stadtentwicklungsplanung beeinflussen. Das „Corona Virus“ (COVED-19), das zur Verlangsamung der Pandemie ganz Europa seit dem Frühjahr 2020 lahmlegte, weil Grenzen und Geschäfte geschlossen, Veranstaltungen von Fußballspielen bis hin zu Kino, Theater und Konzerten abgesagt und auch Inseln abgeriegelt und Ausgehverbote verhängt wurden, zeigt ein solches

2 Neue Mittelstädte im suburbanen Raum. Kommunale Neugliederung, wirtschaftlicher Wandel und politisch-administrative Stadtentwicklungssteuerung – untersucht am Beispiel Erftstadt und Sankt Augustin, Duisburger Geographische Arbeiten, Band 16, Dortmunder Vertrieb für Bau- und Planungsliteratur, Dortmund 1996.

Lebensrisiko, welches eine erhebliche Anzahl an Firmeninsolvenzen nach sich zog. Außerdem hat die COVED-19-Pandemie Veränderungen in der Arbeitswelt und im Wirtschaftskreislauf gebracht. Die verstärkte Einführung von Home Office hat nach der Pandemie nicht wieder aufgehört, sondern wird bis heute weiter betrieben, wo es möglich ist. Dadurch werden weniger Büroräume benötigt mit der Folge, dass es in diesem Segment – anders als bei Wohnungen – ein Überangebot und immer noch sehr viele Leerstände bei Büroräumen gibt. Diese Diskrepanz zwischen Wohnungsnot und Leerständen bei Büros führt zu sozialen Spannungen, die sich zunächst in Demonstrationen äußern, aber auch zu Hausbesetzungen und Vandalismus führen können und so die öffentliche Sicherheit gefährden. Daher müssen Städteplaner sich darüber im Klaren sein, welche Akteure die Sicherheit einer Stadt beeinträchtigen und welche Behörden für die Wiederherstellung der öffentlichen Sicherheit in Aktion treten. Ihre Maßnahmen beinhalten regelmäßig die Einschränkung der bürgerlichen Freiheit.

Meinem Verleger Professor Dr. Clemens Lorei danke ich für die Aufnahme des Buchs in sein Verlagsprogramm. Das Buch soll ferner auch eine Ehrung für meinen Lehrer Professor Dr. Hans Heinrich Blotevogel sein.

Heringsdorf i. H., im März 2024

1 Allgemeine Einführung in das Thema

Die hier vorgelegte Abhandlung untersucht und thematisiert theoretische Grundlagen für Möglichkeiten und Grenzen politisch-administrativer Steuerung von Gemeindeentwicklungsprozessen. Dabei werden beispielhaft suburbane Gemeinden mit 40.000 bis 60.000 Einwohnern in den Fokus gestellt. Unter Stadtentwicklung sollen insbesondere die sozioökonomischen und baulich-räumlichen Veränderungs- und Umstrukturierungsprozesse verstanden werden. Die Arbeit will dabei einerseits Theorien ansprechen, die gesamtstädtische Entwicklungsverläufe analysieren und sich nicht auf Teilaspekte wie etwa stadtökologische Fragen beschränken. Sie soll damit einen Beitrag zur Stadtentwicklungsdiskussion leisten.[3] Andererseits will sie mit der Untersuchung, die kommunalpolitisches Handeln in den Mittelpunkt stellt und die politisch-administrativen Maßnahmen in solchen Gemeinden analysiert, einen Beitrag zur Politischen Geographie leisten.

Bis Ende des 20. Jahrhunderts waren Arbeiten zu politisch-ökonomischen Prozessen der Stadtentwicklung in erster Linie darum bemüht, die Herausbildung und Veränderung von städtischen Strukturen aus allgemeinen Gesetzmäßigkeiten und Grundstrukturen der kapitalistischen Gesellschaft abzuleiten.[4] Inzwischen konzentriert sich das Erkenntnisinteresse politisch-administrativer, ökonomischer Stadtforschung überwiegend auf die besonderen Einflussfaktoren, die für die Entwicklung von Raumgefügen und Stadtstrukturen verantwortlich sind.[5] Dabei behandelte die Stadtforschung überwiegend großstädtische Entwicklungen[6], während die Raumforschung verstärkt die Probleme des ländlichen Raums thematisierte.[7]

3 Die „Rethematisierung der Stadtentwicklungsdiskussion" fordern z. B. Bodenschatz, Harald: Zur Aktualität der Stadt-Planungsgeschichte heute, Die alte Stadt, Zeitschrift für Stadtgeschichte, Stadtsoziologie und Denkmalpflege, 14/1987, Bd. 4, S. 340 und Leimbrock, Holger / Roloff, Werner: Mittelstädte im Wandel (Beiträge zu gesellschaftswissenschaftlichen Forschungen, Bd. 10). Pfaffenweiler 1991, S. 1.

4 Z. B. Läpple, Dieter: Gesellschaftlicher Reproduktionsprozeß und Stadtstrukturen; in: Maier / Roth / Brandes (Hrsg.), Stadtkrise und soziale Bewegungen. Frankfurt a. M. 1978; Evers, Adalbert: Agglomerationsprozeß und Staatsfunktionen; in: Grauhan (Hrsg.), Lokale Politikforschung 1, Frankfurt a. M. 1975, S. 41 ff.

5 Krätke, Stefan: Strukturwandel der Städte. Städtesystem und Grundstücksmarkt in der »post-fordistischen« Ära, Frankfurt a. M. 1991, S. 3.

6 Vgl. Naßmacher, Hiltrud / Naßmacher, Karl-Heinz: Kommunalpolitik in der Bundesrepublik. Möglichkeiten und Grenzen, Leverkusen 1979, S. 2 und Leimbrock / Roloff, Mittelstädte im Wandel, a. a. O. (Fn. 3), ebd.

7 Vgl. Möllers, Martin H. W.: Neue Mittelstädte im suburbanen Raum. Kommunale Neugliederung, wirtschaftlicher Wandel und politisch-administrative Stadtentwicklungssteuerung – untersucht am Beispiel von Erftstadt und Sankt Augustin (Duisburger Geographische Arbeiten, Bd. 16), Dortmund 1996, S. 17; Bundesminister für Raumordnung,

Allerdings beinhaltete bereits die Untersuchung von Leimbrock und Roloff Ende der 1980er Jahre[8], die vor allem marktwirtschaftliche Aspekte analysierte, die Erforschung von Stadtentwicklungsprozessen in Mittelstädten. Sie erarbeiteten unter Einschluss politisch-administrativer Steuerungssysteme und unter Bezug auf die Methodik der qualitativen Sozialforschung ein theoretisches Konzept zur Erforschung komplexer Stadtentwicklungsprozesse in Mittelstädten zwischen 40.000 und 160.000 Einwohnern, wobei ihre Fallstudien sich auf Detmold, Hameln, Herten, Marburg und Unna bezogen.

Besonders interessant sind aber auch Gemeinden mit 40.000 bis 60.000 Einwohnern in oder an Ballungsrandzonen, die erst infolge der kommunalen Neugliederung per Gesetz zu Mittelzentren wurden und deren Stadtentwicklungen bisher kaum wissenschaftlich untersucht worden sind.[9] Durch diese gesetzlichen Vorgaben, die zu einem Stichtag den Zusammenschluss mehrerer Gemeinden zu einer Gemeinde bedingten, entstanden für diese Kommunen besondere Stadtentwicklungsprobleme insbesondere bezüglich der baulich-räumlichen Veränderungs- und Umstrukturierungsprozesse. Für deren Lösung kamen – schon aus zeitlichen Gründen – in erster Linie politisch-administrative Steuerungssysteme in Betracht. Ohne aber die marktprozessualen Einflussfaktoren und die Auswirkungen des langfristigen wirtschaftlich-gesellschaftlichen Wandels für die Stadtentwicklung auszuklammern, stehen somit in dieser Untersuchung vor allem die politisch-administrativen Maßnahmen im Mittelpunkt des Interesses.

Der Erkenntnis- und Wissensbereich der Politischen Geographie ist natürlicherweise interdisziplinär ausgewiesen, weil sich in ihm politikwissenschaftliche, juristische und geographische Disziplinen überschneiden. Auch die Raumplanung versteht ihren Auftrag überwiegend darin, ver-

---

Bauwesen und Städtebau (Hrsg.): Stand und Perspektiven der Forschungen über den ländlichen Raum. Ergebnisse eines Forschungskolloquiums im Rahmen der Europäischen Kampagne für den ländlichen Raum (EKL) – veranstaltet am 23. und 24. September 1987 vom Bundesminister für Raumordnung, Bauwesen und Städtebau und der Bundesforschungsanstalt für Landeskunde und Raumordnung (Schriftenreihe „Forschung" des BM für Raumordnung, Bauwesen und Städtebau, H. 464), Bonn 1988.

8 Leimbrock, Holger / Roloff, Werner: Zum Zusammenhang von städtischen Veränderungs- und Umstrukturierungsprozessen und kommunaler Planung unter besonderer Berücksichtigung der Situation in Mittelstädten. Mit Falluntersuchungen fünf ausgewählter Mittelstädte (Forschungsbericht), Bielefeld 1986; veröffentlicht als Leimbrock / Roloff: (Mittel-)Stadtentwicklung – (Mittel-)Stadtplanung. Mit Falluntersuchungen fünf ausgewählter Mittelstädte, 2 Bde., Frankfurt a. M. 1987.

9 Vgl. aber Möllers, Neue Mittelstädte im suburbanen Raum, a. a. O. (Fn. 7).

schiedene traditionelle Fachbereiche und/oder Disziplinen einzubeziehen.[10] Hintergrund für diese Sichtweise ist die Erfahrung, dass die unterschiedlichsten Tätigkeiten und Interessen nicht – wie ursprünglich von der Wissenschaft angenommen – isoliert nebeneinander existieren, sondern letztlich originär, also an Ort und Stelle, aufeinandertreffen und bei zunehmender Aktivitätsdichte und -intensität zu vermehrten Zielkonflikten führen.[11] Das Thema dieser Arbeit beinhaltet deshalb einen über den geographisch-fachlichen Bereich hinausgreifenden interdisziplinären Ansatz, der auch politisch-sozialwissenschaftliche, ökonomische und juristische Aspekte mit einschließt.

Das Forschungsinteresse stellt den Einfluss örtlicher Bedingungen auf die städtischen Veränderungs- und Umstrukturierungsprozesse in den Mittelpunkt und unterstellt, dass der zu untersuchende Stadttypus nicht denselben Bedingungen wie Großstädte oder historisch gewachsene Mittelstädte unterliegt und deshalb ein besonderes Erkenntnisinteresse begründet ist.[12] Aber auch die überörtlichen, auf die kommunale Ebene durchschlagenden Bedingungen werden mit einbezogen.

Die Forschungsarbeiten könnten ergeben, dass trotz der besonderen Entstehungsgeschichte die Veränderungs- und Umstrukturierungsprozesse in Gemeinden dieses Stadttyps auch solche Veränderungen und Umstrukturierungen beinhalten, die bereits auf gesamtgesellschaftlicher, Groß- und/oder Mittelstadtebene historisch gewachsener Gemeinden festgestellt und analysiert wurden. Diese Erkenntnisse sind dann aber nicht – weil bereits bei anderen Stadttypen bekannt – zu verwerfen, sondern vielmehr als Ergebnis der Forschung für Gemeinden dieses Typs anzusehen.[13]

Um entsprechende Untersuchungen durchführen zu können, bedarf es zunächst eines theoretischen Konzepts, das ökonomische und politisch-administrative Steuerungssysteme von Stadtentwicklungsprozessen sowie Zusammenhänge des langfristigen wirtschaftlich-gesellschaftlichen Wandels erklärt. Sodann müssen für die Analyse von konkreten Gemeindeentwicklungsprozessen verschiedene quantitative und qualitative Untersu-

---

10 Vgl. Lendi, Martin / Elsasser, Hans: Raumplanung in der Schweiz, Zürich 1985, S. 2 ff.

11 S. Boesch, Martin: Engagierte Geographie. Zur Rekonstruktion der Raumwissenschaft als politik-orientierte Geographie (Erdkundliches Wissen. Schriftenreihe für Forschung und Praxis, hrsgg. von Gerd Kohlhepp, Adolf Leidlmair und Emil Meynen. H. 98), Stuttgart 1989, S. 7.

12 Vgl. dazu Habermann-Nieße, Klaus / Nieße, B. / Preis, R.: Stadtentwicklung; in: Pohl / Burmeister / Friedrich / Klemisch / Lommer (Hrsg.), Handbuch für Alternative Kommunalpolitik, Bielefeld 1985, S. 128 ff.

13 Vgl. Leimbrock / Roloff, Mittelstädte im Wandel, a. a. O. (Fn. 3), S. 3.

chungsmethoden angewendet werden. Dazu zählen die empirische Gewinnung von Daten und Informationen aus staatlichen und städtischen Quellen, Dokumenten der öffentlichen Meinung und auch eigene Beobachtungen vor Ort. Zusätzlich müssen Literatur, Karten, statistische und sonstige Materialien ausgewertet werden und Experteninterviews als qualitative Methoden der empirischen Sozialforschung die Forschungsergebnisse absichern. Letztere werden mittels des Fallstudienansatzes[14] durch problemorientierte Auswahl lehrreicher Fälle durchgeführt. Diese Kombination verschiedener Untersuchungsmethoden zur vergleichenden Analyse mehrerer problemorientiert ausgesuchter Fallbeispiele optimiert das Ziel, zu wissenschaftlich gesicherten Erkenntnissen zu gelangen.[15]

Die Anwendung quantitativer und qualitativer Forschungsmethoden und die Wahl des Fallstudienansatzes bedingen keine Zufallsstichprobe, sondern die bewusste Entscheidung für eine problemorientierte Fallauswahl. Für die vergleichenden Gemeindeanalysen sind deshalb mindestens zwei Städte mit knapp 50.000 bzw. 60.000 Einwohnern in oder an der Ballungsrandzone auszuwählen. Um Entwicklungen besonders deutlich herausarbeiten zu können, bietet es sich an solche Städte bzw. Gemeinden auszuwählen, die erst infolge der kommunalen Neugliederung mittelzentrale Funktionen erhielten und sich in Größe, Lage, Funktion, Struktur und Entwicklung unterscheiden. Mit einer solchen Auswahl lässt sich auf der einen Seite darlegen, dass sich die einzelnen Gemeinden dieses Typs durchaus erheblich voneinander unterscheiden können, und auf der anderen Seite herausarbeiten, dass es trotz der Unterschiede Gemeinsamkeiten gibt, die eine Verallgemeinerung der aus den Einzelfällen gewonnenen Ergebnisse insbesondere bezüglich der Möglichkeiten und Grenzen politisch-administrativer Steuerungen zulassen. Am Ende des gesamten Forschungsprojekts werden dann Aussagen über Stadtentwicklungs- und Stadtplanungsphänomene stehen, die für diese im besonderen Maße unter der Einwirkung der kommunalen Neuordnung stehenden Gemeinden zwischen 40.000 und 60.000 Einwohnern allgemein typisch erscheinen. Dabei müsste sich analysieren lassen, vor allem die Möglichkeiten und Grenzen politisch-admi-

14 Vgl. Schmidt, Leo: Technologie als Prozess. Eine empirische Untersuchung organisatorischer Technologiegestaltung am Beispiel von Unternehmenssoftware, Diss. FU Berlin 2006, S. 95 ff.

15 Vgl. Leimbrock / Roloff, Mittelstädte im Wandel, a. a. O. (Fn. 3), S. 7; Bogner, Alexander / Menz, Wolfgang: Das theoriegenerierende Experteninterview. Erkenntnisinteresse, Wissensformen, Interaktion. In: Bogner / Littig / Menz (Hrsg.), Experteninterviews: Theorien, Methoden, Anwendungsfelder, 3. Aufl., Wiesbaden 2009, S. 33 ff.

nistrativer Steuerung von Stadtentwicklungsprozessen suburbaner Gemeinden in oder an Ballungsrandzonen erklären zu können.

Die Ergebnisse solcher Untersuchungen könnten dann für die in den Bundesländern anstehenden bzw. bereits eingeleiteten Neugliederungsprozesse hilfreich sein.

2 Theoretische Grundlagen für Forschungsprojekte

Zur theoretischen Grundlagenbildung ist zunächst Voraussetzung, notwendige Begriffsklärungen und die Skizzierung der das Thema betreffenden Sachdiskussion voranzustellen. Wollen entsprechende Studien Gemeindeentwicklungsprozesse im suburbanen Raum unter dem besonderen Aspekt der Steuerung durch gemeindliche politisch-administrative Maßnahmen als Folge einer kommunalen Neugliederung analysieren, sind daher anfangs der Gemeindebegriff, der Rahmen gemeindlichen Handelns, Aufgaben und Ziele der kommunalen Neugliederung, die politischen Strukturen des gesellschaftlich-politischen Prozesses sowie die Stadtentwicklungsprozesse in Groß- und Mittelstädten der Bundesrepublik Deutschland thematisch aufzugreifen und zu skizzieren. Daraus lassen sich dann die leitenden Fragestellungen für die angestrebten Untersuchungen ermitteln.

2.1 Der soziologische, politikwissenschaftliche und der staatsrechtliche Gemeindebegriff

Der Begriff „Gemeinde“ kann aus soziologischer, staatsrechtlicher oder politikwissenschaftlicher Sicht Verschiedenes bedeuten. Im soziologischen Sinne wird unter Gemeinde eine soziale Einheit auf lokaler Basis, eine Lokalgruppe[16], zur Bewältigung des wirtschaftlichen, sozialen und kulturellen Lebens verstanden. Für diesen Gemeindebegriff ist das Zusammenwirken und die Kommunikation der im abgegrenzten Raum lebenden Menschen sowie das daraus resultierende Zusammengehörigkeitsgefühl bestimmend und führt dann zu Aussagen wie: „Wir sind Hamburger“ oder „Wir sind St. Paulianer“. Deshalb ist in der Soziologie die Gemeinde neben der Familie und anderen verwandtschaftlichen Erscheinungen eine der bedeutsamsten sozialen Gruppenformen. Im soziologischen Sinne lässt sich deshalb nicht genau die Anzahl der Gemeinden in Deutschland bestimmen. Das Zusammengehörigkeitsgefühl bedingt andererseits auch den Ausschluss von Personen, die nicht zu dieser Gemeinde im soziologischen Sinne gehören. Deshalb dürfte für diese Untersuchung auch der soziologische Gemeindebegriff eine Rolle spielen, da ja gerade im Mittelpunkt der Untersuchung Gemeinden stehen sollen, die sich infolge der kommunalen Neugliederung aus

16 S. Pfahlberg, Bernhard / Münch, Ursula: Herder Lexikon Politik, Sonderauflage für die Landeszentrale für politische Bildung Nordrhein-Westfalen, Freiburg im Breisgau 1994, S. 82 f.

mehreren Gemeinden, in denen sich jeweils zusammengehörig fühlende Menschen wohnen, zusammensetzen.

Bundesland	Gemeinden	Bundesland	Gemeinden
Baden-Württemberg	1.101	Nordrhein-Westfalen	396
Bayern	2.056	Rheinland-Pfalz	2.302
Berlin	1	Saarland	52
Brandenburg	417	Sachsen	419
Bremen	2	Sachsen-Anhalt	218
Hamburg	1	Schleswig-Holstein	1.106
Hessen	423	Thüringen	634
Mecklenburg-Vorpommern	726		
Niedersachsen	943	**Deutschland**	**10.797**

Abb. 11: Anzahl der Gemeinden in den Bundesländern am 31.12.2019[17]

Die Anzahl von Gemeinden im soziologischen beträgt also ein Vielfaches der Zahl der Gemeinden im staatsrechtlichen Sinn (Abb. 11). Letztere lagen im Jahre 2019 bei 10.797 Gemeinden mit Rechtstitel, davon 8.800 in den alten und 1.997 in den neuen Bundesländern. Seit 1994, als noch 16.121 insgesamt und davon 7.616 in den neuen Bundesländern bestanden, hat sich damit die Zahl der Gemeinden um 5.324 reduziert, darunter 5.619 durch Neugliederungen in den neuen Bundesländern und einer Zunahme von knapp 300 Gemeinden in den alten Bundesländern.[18]

Die staatsrechtliche Gemeinde ist rechtlich als Gebietskörperschaft, also als einem Gliedstaat zugehörige juristische Person des öffentlichen Rechts organisiert, die der staatlichen Aufsicht unterliegt.[19] Nur sie kann im Mittelpunkt von Gemeindeentwicklungsuntersuchungen stehen, weil nur ihr auch die rechtlichen Kompetenzen und die politischen Funktionen zustehen.

Der politikwissenschaftliche Gemeindebegriff stellt lediglich eine abstrakte Größe dar. Grundlage dieses theoretischen Begriffs ist, dass Gemeinden den Rahmen bilden sollen, auf unterster Ebene sinnvoll politisch zu planen und zu entscheiden. Dafür benötigen sie eine bestimmte Mindest-

17 Schubert, Uli: Gemeinden in Deutschland, Solingen 5.1.2020, http://www.gemeindeverzeichnis.de/dtland/dtland.htm (letzter Abruf: 24.3.2020).

18 Zahlen von 1994 aus Faulenbach, Jürgen / Schüller, Carola: Der Rahmen kommunalpolitischen Handelns; in: Bundeszentrale für politische Bildung (Hrsg.), Kommunalpolitik, Informationen zur politischen Bildung, Nr. 242, Bonn 1994, S. 3.

19 Pfahlberg / Münch, Herder Lexikon Politik, a. a. O. (Fn. 16), S. 82.

größe. Diese Mindestgrößen wurden und werden in der Praxis nicht immer erreicht, sodass aufgrund technokratischer Planung eine Gemeindereform durch entsprechende Zusammenlegung erfolgte bzw. erfolgt.[20] In den alten Bundesländern sind die Gemeindereformen weitgehend abgeschlossen.[21] Nur in den fünf neuen Bundesländern war seit der Wiedervereinigung häufig die Mindestgröße der dortigen Gemeinden nicht gegeben. Das ergibt sich bereits daraus, dass sie – in der Bevölkerungszahl zusammen etwa so groß wie Nordrhein-Westfalen – nur 889 Gemeinden weniger hatten als alle 11 westlichen Bundesländer zusammen.

Es ist sinnvoll, den Zeitpunkt kommunaler Neugliederungen als untere zeitliche Grenze von Untersuchungen zur Gemeindeentwicklung zu setzen. In Nordrhein-Westfalen zum Beispiel ist die große kommunale Neugliederung zwischen 1967 und 1975 erfolgt. Hier wurde versucht, die Gemeinde im staatsrechtlichen und im politikwissenschaftlichen Sinne zur Deckung zu bringen. Daraus ergab sich aber die Konsequenz, dass nun zwischen der Gemeinde im staatsrechtlichen und der im soziologischen Sinn kaum noch eine Übereinstimmung vorliegt, weil ja mehrere Gemeinden im soziologischen Sinn nur noch eine Gemeinde im staatsrechtlichen Sinn bilden.[22] Hierin liegt die Problematik der Gemeindereform.

Für die Gemeinden nach allen drei Begriffen bestehen jedenfalls klare Grenzen. Allerdings bestehen sie bei der soziologischen und politikwissenschaftlichen überwiegend nur in den Köpfen der Bevölkerung bzw. der Planer. Lediglich beim staatsrechtlichen Gemeindebegriff sind die Gemeindegrenzen genau auf Verwaltungskarten oder im Gemeindeverzeichnis nachles- und -prüfbar. Nur die Kommune hat durch die Gemeindeordnung und die Hauptsatzung einen fest umrissenen Handlungsrahmen. Die Gemeindeverfassung muss nach Art. 28 Abs. 1 GG demokratischen, rechtsstaatlichen und sozialen Grundsätzen entsprechen.[23]

---

20 Vgl. dazu Klönne, Arno: Zum Begriff und zur Realität von politischer Gemeinde; in: Zoll (Hrsg.), Gemeinde als Alibi: Materialien zur politischen Soziologie der Gemeinde, München 1972, S. 249-255.

21 Um ein weitgehend einheitliches Leistungsvermögen der Gemeinden wiederherzustellen, hatten die westlichen Flächenländer eine kommunale Gebietsreform eingeleitet, die am 7. Juni 1968 in Rheinland-Pfalz begann und am 1. Mai 1978 mit der Neuordnung der Ortsstufe in Bayern vorläufig abgeschlossen wurde.

22 Vor der Reform (Stichtag 30.06.67) hatte Nordrhein-Westfalen (jeweils ohne kreisfreie Städte) 2.297, danach (Stichtag 30.06.79) nur noch 373 Gemeinden: Zahlen aus Zahlenbilder des Erich Schmidt Verlags aus Kühr, Herbert: Politik in der Gemeinde; in: Bundeszentrale für politische Bildung (Hrsg.), Politik in der Gemeinde, Informationen zur politischen Bildung, Nr. 242, Bonn 1983, S. 6.

23 Pieroth, Bodo; in: Jarass, Hans D. / Pieroth, Bodo: Grundgesetz für die Bundesrepublik

2.2 Der Rahmen gemeindlichen Handelns

Die Gemeinden sind Körperschaften des öffentlichen Rechts und damit mittelbare Staatsverwaltung.[24] Weil sie nicht unmittelbare Staatsverwaltung sind, lässt sich daraus das Recht auf Selbstverwaltung ableiten.

Land	Anzahl	Land	Anzahl
Baden-Württemberg	11.069.500	Nordrhein-Westfalen	17.932.700
Bayern	13.076.700	Rheinland-Pfalz	4.084.800
Berlin	3.644.800	Saarland	990.500
Brandenburg	2.511.900	Sachsen	4.077.900
Bremen	683.000	Sachsen-Anhalt	2.208.300
Hamburg	1.841.200	Schleswig-Holstein	2.896.700
Hessen	6.265.800	Thüringen	2.143.100
Mecklenburg-Vorpommern	1.609.700		
Niedersachsen	7.982.400	Deutschland	**83.019.200**

Abb. 12: Bevölkerungsstand in Deutschland am 31.12.2018[25]

Durch selbst gewählte Organe regelt die Gemeinde in eigenem Namen und in eigener Verantwortung im Rahmen der Gesetze, unter Kontrolle der staatlichen Aufsicht, alle Angelegenheiten der örtlichen Gemeinschaft als Selbstverwaltungsaufgaben. Dabei ist zu berücksichtigen, dass die Aufgaben der Gemeinden nicht begrenzt sind, sondern dass – nach dem Prinzip der Universalität – alle Probleme, welche die örtliche Gemeinschaft betreffen, an Ort und Stelle zunächst wahrgenommen und von der Gemeinde gelöst werden müssen.[26] Daneben sind den Kommunen als Auftragsangele-

Deutschland, Kommentar, 16. Aufl., München 2020; Art. 28, Rn. 1; BVerfGE 4, 178 (189); 64, 301 (317).

24 Vgl. Möllers, Martin H. W.: Ist das Ausbildungsthema „Bürgernahe, kundenorientierte Verwaltung“ erfolgreich? Entwurf eines Fragebogens zur Lernzielerfolgskontrolle, Frankfurt a. M. 2012, S. 38; Weber, Klaus: „Verwaltung, öffentliche“; in: Creifelds, Carl (Begr.) / Weber, Klaus (Hrsg.), Rechtswörterbuch, 23. Aufl., München 2019; Schmidt, Rolf: Allgemeines Verwaltungsrecht. Grundlagen des Verwaltungsverfahrens, Staatshaftungsrecht, 21. Aufl., Grasberg bei Bremen 2018, Rn. 86; Häußermann, Hartmut: Die Bedeutung „lokaler Politik“ – neue Forschung zu einem alten Thema; in: Blanke / Benzler: Staat und Stadt, Opladen 1991, S. 39.

25 Quelle: Statistisches Bundesamt: https://www.destatis.de/DE/Presse/Pressemitteilungen/2019/06/PD19_244_12411.html (letzter Abruf: 25.2.2024).

26 Wehling, Hans-Georg: Kommunalpolitik in Geschichte und Gegenwart; in: Bundeszentrale für politische Bildung (Hrsg.), Kommunalpolitik, Informationen zur politischen

genheiten staatliche Aufgaben übertragen worden, die sie nach staatlicher Weisung im Gebiet der Gemeinde wahrzunehmen haben.[27] Der Bevölkerungsstand ergibt sich aus Abb. 12, S. 25.

Ihre finanziellen Mittel, die Gemeindesteuern, erhalten die Gemeinden aus Einnahmequellen, die sie in eigener Verantwortung verwalten. Darunter fallen Einnahmen aus staatlichen Finanzzuweisungen, aus zweckgebundenen Zuschüssen zu bestimmten Vorhaben, aus dem kommunalen Finanzausgleich und aus den Erträgen des Kommunalvermögens. Darlehen in Form von Anleihen darf die Gemeinde nur mit Genehmigung der staatlichen Aufsichtsbehörde aufnehmen. Eine wirtschaftliche Betätigung der Kommune zur Geldbeschaffung ist unzulässig und Vermögensveräußerungen binden die Gemeindeverordnungen an strenge Voraussetzungen.

Hauptorgan der Gemeinde ist der Rat bzw. die Verordnetenversammlung, in Nordrhein-Westfalen zum Beispiel wird es je nach Rechtstitel Gemeinde- oder Stadtrat genannt. Als demokratisch legitimierte Vertretung der Einwohner beschließt der Rat über die wichtigen Angelegenheiten im Bereich der Selbstverwaltung. Zur Erfüllung seiner Aufgaben kann der Rat insbesondere durch den Erlass von Satzungen den Einwohnern allgemein mit hoheitlicher Gewalt Rechte gewähren und Pflichten auferlegen. Die Vorbereitung und Ausführung der Beschlüsse des Rats sowie die Erledigung der laufenden Angelegenheiten obliegt dem Leiter der Gemeindeverwaltung, in Nordrhein-Westfalen war dies früher der Gemeinde- oder Stadtdirektor[28], heute werden die Aufgaben von der direkt gewählten Bürgermeisterin bzw. dem Bürgermeister wahrgenommen. Der Kommune stehen im Übrigen alle Mittel der allgemeinen Verwaltung zur Verfügung. Es ist ihr also u. a. möglich, kommunale Betriebe zu errichten und öffentliche, allen Einwohnern zugängliche Einrichtungen jeder Art zu schaffen, wenn sie in einem angemessenen Verhältnis zur Leistungsfähigkeit und zum Bedarf der Gemeinde stehen und es nicht zweckmäßiger ist, sie durch private Unternehmen durchführen zu lassen. „Die Handlungen der Akteure beziehen sich hierauf, innerhalb dieses räumlich bestimmbaren Rahmens wird auch Politik im Sinne von Gestaltung gemacht. Die rechtlichen Rahmenbe-

Bildung, Nr. 242, Bonn 1994, S. 4.

27 Darunter fallen zum Beispiel die Aufgaben der Standesämter und der Polizei, Lebensmittelkontrollen, Einwohnermeldewesen oder statistische Arbeiten. Zu den kommunalen Aufgaben-, Ressourcen- und Entscheidungsstrukturen vgl. Hesse, Joachim Jens / Ellwein, Thomas: Das Regierungssystem der Bundesrepublik Deutschland, 10. Aufl. mit CD-ROM, Baden-Baden 2012, S. 203 ff.

28 Die Änderungen der nordrhein-westfälischen Gemeindereform wirkten sich erst ab 1995 praktisch aus.

dingungen (im Sinne von Polity) setzt nach der Verfassungsordnung des Grundgesetzes das jeweilige Bundesland.“[29]

Es ist deshalb möglich, dass die Gemeinde auf ihrem Gebiet innerhalb ihres durch Gemeindeordnung und Hauptsatzung festgelegten Handlungsrahmens und Institutionensystems auch Politik im Sinne von Gestaltung machen kann. Darüber hinaus ist zu berücksichtigen, dass die Gemeindeordnung zwar Regeln vorgibt, die aber immer noch einen gewissen Spielraum belassen. So ist es von Gemeinde zu Gemeinde selbst innerhalb eines Bundeslandes unterschiedlich, wie mit den Rechtsnormen der Gemeindeordnung umgegangen wird und man sich mit ihnen arrangiert. Denn jede Gemeinde pflegt eigene politische Traditionen, „die das Verhalten in ganz bestimmter Richtung prägen (politische Kultur)“.[30] Daneben sind natürlich auch die individuellen Gegebenheiten, insbesondere das Persönlichkeitsbild der Menschen, welche die institutionellen Posten besetzen, von ausschlaggebender Bedeutung. Denn sie sind individuell familiär, durch ihr soziales Umfeld und ihre berufliche Sozialisation – ein Polizeibeamter wird anders geprägt sein als eine Streetworkerin – geprägt und können auch parteipolitische Traditionen pflegen. Insofern ist Kommunalpolitik in Deutschland außerordentlich vielfältig. „Die Interessen in der Gemeinde treten zumeist sehr direkt in Erscheinung, die Akteure sind greifbar und plastisch, Menschliches wird nur allzu sichtbar. Das macht Politik in der Gemeinde für den Beobachter unterhaltsam, manchmal geradezu spannend.“[31]

2.3 Aufgaben und Ziele der kommunalen Neugliederung am Beispiel Nordrhein-Westfalens in den Jahren 1967 bis 1975

Bis zur kommunalen Neuordnung Nordrhein-Westfalens 1967 bis 1975, die nicht nur Gemeinde-, sondern auch Kreis- und Regierungsbezirksgrenzen veränderte, bestimmte der zufällige historische Zuschnitt der Gemeinden mit ihrem großen Gefälle untereinander die Lebensansprüche ihrer Bürgerinnen und Bürger. In den 1960er Jahren wurde zunehmend prognostiziert, dass die kommunalen Körperschaften in ihrer damals bestehenden Ausdehnung nicht mehr in der Lage sein würden, die wachsenden Aufga-

29 Wehling, Hans-Georg: Rahmen kommunalpolitischen Handelns; in: Bundeszentrale für politische Bildung (Hrsg.), Kommunalpolitik, Informationen zur politischen Bildung, Nr. 242, Neuauflage, Bonn 2007, S. 4 ff.; https://www.bpb.de/izpb/10412/rahmen-kommunalpolitischen-handelns (letzter Abruf: 29.1.2016).

30 Faulenbach / Schüller, Der Rahmen kommunalpolitischen Handelns, a. a. O. (Fn. 18), S. 3.

31 Wehling, Rahmen kommunalpolitischen Handelns, a. a. O. (Fn. 29), ebd.

ben optimal zu erfüllen und den gesteigerten Ansprüchen aller Bürger an den modernen Sozialstaat gerecht zu werden.[32] Zeitgleich mit der kommunalen Neugliederung erfuhr das System der Landesplanung in Nordrhein-Westfalen seine „wesentliche inhaltliche und organisatorische Ausgestaltung".[33] Konzeptionelle Grundlagen der Neuordnung waren zum einen verwaltungswissenschaftliche Erkenntnisse, die für eine sachgerechte Aufgabenerfüllung bestimmte Größen und Organisationen der Verwaltungseinheiten vorgaben, und zum anderen Grundlagen der Raumordnung und Landesplanung, vor allem das Prinzip[34] der zentralörtlichen Gliederung, deren Einfluss auf die territoriale Kreisgliederung allerdings weniger bestimmend war.[35]

Noch vor der Kreisreform wurden 1974 das Landesplanungsgesetz novelliert und das Landesentwicklungsprogramm verabschiedet, sodass die Grundsätze, Ziele und Instrumente der Landesplanung gesetzlich geordnet und in ersten Landesentwicklungsplänen ausgestaltet und konkretisiert wurden.

Die zeichnerischen und textlichen Darstellungen in den Landesentwicklungsplänen sind die Ziele der Raumordnung und Landesplanung. Diese Ziele sind gem. § 4 Raumordnungsgesetz (ROG) auch von den Gemeinden und Gemeindeverbänden zu beachten.

Nach der Sachverständigenkommission für die kommunale und staatliche Neugliederung des Landes Nordrhein-Westfalen hatte die kommunale Neuordnung unter Berücksichtigung der Prognosen der 1960er Jahre auch das Ziel, eine größere politische Kontrolle der Bürgerinnen und Bürger wiedereinzurichten. Da nämlich leistungsschwache Gemeinden wichtige Aufgaben selbständig nicht erfüllen konnten, mussten sie diese Aufgabenerfüllung an andere Träger, nämlich Zweckverbände, Ämter und Landkreise, weitergeben. Dadurch entstand ein kaum noch überschaubares Netz von Zweckverbänden und kommunalen Unternehmungen aller Art. Zuständigkeiten und politische Verantwortung teilten sich zwangsläufig auf

32 Vgl. Weber, Werner: Entspricht die gegenwärtige kommunale Struktur den Anforderungen der Raumordnung? Empfehlen sich gesetzgeberische Maßnahmen der Länder und des Bundes? Welchen Inhalt sollten sie haben? Gutachten für den 45. Deutschen Juristentag, Berlin 1964.

33 Blotevogel, Hans Heinrich: Kommunale Neugliederung und Landesplanung. Zur Interdependenz ihrer Ziele in Nordrhein-Westfalen seit 1967; in: Schöller (Hrsg.), Auswirkungen der kommunalen Neugliederung dargestellt an Beispielen aus Nordrhein-Westfalen (Materialien zur Raumordnung, Bd. XXVIII), Bochum 1984, S. 2.

34 Zur Theorie der zentralen Orte, ihre konzeptionelle Entwicklung und ihre empirischen Anwendungen vgl. Schöller, Peter (Hrsg.): Zentralitätsforschung (Wege der Forschung, 301), Darmstadt 1972 und Heinritz, Günter: Zentralität und zentrale Orte (TSt Geographie), Stuttgart 1979.

35 Blotevogel, Kommunale Neugliederung und Landesplanung, a. a. O. (Fn. 33), S. 19 u. 29.

viele Körperschaften auf, sodass die politische Kontrolle des Wählers nicht in dem erforderlichen Maß mehr wirksam werden konnte. Selbstverwaltung sollte deshalb durch Stärkung der gemeindlichen Leistungskraft und die Wiederherstellung eines klaren Verwaltungsaufbaus erreicht werden. Maßstab für die kommunale Neugliederung waren deshalb nur Überlegungen, die ausschließlich nach der Effektivität der Reformmaßnahmen fragten.[36] Die Reform war deshalb Übergang von geschichtlich gewordenen Verwaltungseinheiten zu rational geplanten, also erdachten, möglichst effektiven Versorgungskörperschaften.[37]

Im Mittelpunkt stand das Prinzip der zentralörtlichen Gliederung, das durch die beiden Sachverständigen-Gutachten A (1966) und B[38] (1968), die Mitwirkung der obersten Landesplanungsbehörde bei den Neugliederungsverfahren, die Aufstellung der Landesentwicklungspläne I (1966) und II (1970) und einer von Georg Kluczka 1970 veröffentlichten empirischen Bestandsaufnahme der zentralörtlichen Gliederung[39] getragen wurde. Auf dieser Basis wurde zwischen 1967 und 1975 die alte Territorialstruktur erheblich umgeformt. Aus den ehemaligen 2.297 Gemeinden des Jahres 1967 in Nordrhein-Westfalen sind bis 1995 nur noch 396 Gemeinden geworden. Diese Gemeinden entwickeln sich durch die politischen Strukturen des gesellschaftlich-politischen Prozesses.

---

36 Sachverständigenkommission für die kommunale und staatliche Neugliederung des Landes Nordrhein-Westfalen (Hrsg.): Die kommunale und staatliche Neugliederung des Landes Nordrhein-Westfalen, Abschnitt B: Die Neugliederung der Städte und Gemeinden in den Ballungszonen und die Reform der Kreise. Siegburg 1968, S. 10; vgl. Möllers, Neue Mittelstädte im suburbanen Raum, a. a. O. (Fn. 7), S. 23; s. Hoppe, Werner / Rengeling, Hans-Werner: Rechtsschutz bei der kommunalen Gebietsreform. Verfassungsrechtliche Maßstäbe zur Überprüfung von Neugliederungsgesetzen (Schriften zum deutschen Kommunalrecht, Bd. 3, hrsgg. von Ch. F. Menger und A. v. Mutius), Frankfurt a. M. 1973, S. XV.

37 Vgl. Salzwedel, Jürgen: Kommunale Gebietsänderung und Selbstverwaltungsgarantien; Die Öffentliche Verwaltung (DÖV) 1969, S. 810 ff.

38 Abschnitt A: Die Neugliederung der Gemeinden in den ländlichen Zonen. Abschnitt B: Die Neugliederung der Städte und Gemeinden in den Ballungszonen und die Reform der Kreise.

39 Kluczka, Georg: Zentrale Orte und Zentralörtliche Bereiche mittlerer und höherer Stufe in der Bundesrepublik Deutschland (Forschungen zur deutschen Landeskunde, Bd. 194), Bonn-Bad Godesberg 1970; Kluczka, Georg: Nordrhein-Westfalen in seiner Gliederung nach zentralörtlichen Bereichen. Eine geographisch-landeskundliche Bestandsaufnahme 1964-1968 (Landesentwicklung, H. 27), Düsseldorf 1970.

2.4 Die politischen Strukturen des gesellschaftlich-politischen Prozesses

In der deutschen Sprache werden alle politischen Aspekte in der Gesellschaft mit dem einzigen Begriff „Politik" umschrieben. Grundsätzlich lassen sich aber – wie in der angloamerikanischen Wissenschaft begrifflich belegt – mindestens drei analytisch unterscheidbare inhaltliche Aspekte abgrenzen[40], nämlich die institutionelle Form als *polity*, der prozessuale Verlauf als *politics* und der normative Inhalt als *policy*.[41]

2.4.1 Die drei Dimensionen der Politik: polity, politics und policy

Unter polity wird die institutionelle Dimension der Politik mit der ordnenden Funktion, Regeln für Verfahrens- und Entscheidungsabläufe aufzustellen, verstanden. Charakteristisch sind Aussagen und Bestimmungen darüber, wie die politische Ordnung beschaffen sein soll. Polity ist daher einerseits die Dimension der politischen Ideen und Ideologien sowie andererseits die Dimension der aus diesen Ideologien hervorgegangenen formalen Ordnung, die in der Bundesrepublik Deutschland durch das Grundgesetz, die Länderverfassungen und die von den Ländern aufgestellten Gemeindeordnungen sowie durch die Rechtsordnung allgemein und durch Tradition festgelegt ist. Sichtbare Institutionen der verfassten Rechtsordnung sind hier die Regierungen, Parlamente, Gerichte, Ämter, Körperschaften und Anstalten in Bund und Ländern. Auf Gemeindeebene werden die Regeln innerhalb des Rahmens der geltenden Gemeindeordnung in Gestalt der Hauptsatzung konkretisiert und ergänzt. Diese regelt zum Beispiel, welche finanziellen Spielräume der Bürgermeister bzw. die Bürgermeisterin in Unabhängigkeit vom Rat hat oder in welchen Angelegenheiten – soweit nicht von der Gemeindeordnung bereits festgelegt – für die Bürgerinnen und Bürger der Kommune ein Bürgerbegehren und/oder Bürgerentscheid vorgesehen ist.

Die Grundsätze der politischen Willensbildung werden ebenfalls durch die polity, die Institutionen, geregelt. Dazu gehören zum Beispiel Wahlen und Abstimmungen, die Kommunikationsgrundrechte wie Meinungsfrei-

40 Schubert, Klaus: Politikfeldanalyse. Eine Einführung (Grundwissen Politik, Bd. 6), Opladen 1991, S. 26; aktuell Blum, Sonja / Schubert, Klaus: Politikfeldanalyse (Elemente der Politik), 3. Aufl., Wiesbaden 2017.

41 Vgl. z. B. Böhret, Carl / Jann, Werner / Kronenwett, Eva: Innenpolitik und politische Theorie, 3. Aufl., Opladen 1988; Rohe, Karl: Politik. Begriffe und Wirklichkeiten, 2. Aufl., Stuttgart 1994; Schneider, Volker / Janning, Frank: Politikfeldanalyse: Akteure, Diskurse und Netzwerke in der öffentlichen Politik, Wiesbaden 2006, S. 17 f.

heit (Art. 5 GG), Versammlungsfreiheit (Art. 8 GG), Vereinigungsfreiheit (Art. 9 GG), sowie auch Parteien, Verbände und Interessengruppen. Außerdem sind die beiden anderen Dimensionen der Politik, die auf den normativen Inhalt und den prozessualen Verlauf gerichtet sind, insoweit von der institutionellen Dimension abhängig, als ihr Handlungsspielraum durch die Institutionen abgesteckt wird.[42]

Die Vermittlung von Interessen durch Konflikt oder Konsens wird mit politics, der prozessualen Dimension, bezeichnet. Zur Politikgestaltung müssen Politikprogramme im Rahmen der Spielregeln der polity durchgesetzt werden. In diesem Prozess der politischen Willensbildung und Interessenvermittlung, „bei welchem auf die unterschiedlichen, teilweise gleichlaufenden, teilweise widerstreitenden, teilweise neutralen, teilweise koalierenden Interessen und Parteien und deren politische Absichten, Forderungen etc. Rücksicht genommen werden“ muss, werden „politische Ideen im Rahmen festgelegter Ordnungen in konkrete politische und sozioökonomische Forderungen und Pläne, Vereinbarungen und Entscheidungen“[43] gefasst. Für den politischen Prozess der politics sind deshalb Formen und Verfahren der Macht sowie ihrer Durchsetzung heranzuziehen wie etwa offene und verborgene Informationen und Spielregeln.

Unter der policy versteht man eine normative, inhaltliche Dimension, die eine gestalterische Funktion beinhaltet und „auf Ziele, Aufgaben und Gegenstände von Politik verweist“.[44] Gerade diese Dimension der policy erfüllt Politik mit Konfliktstoff, weil hier aus politischen Ideen und Entscheidungen konkret Gesetze, Verordnungen, Satzungen, Maßnahmen und Programme entstehen, die unmittelbare Außenwirkung haben. Denn individuelle, ideelle und auch materielle Interessenlagen sind in einer pluralistischen Gesellschaft wie die der Bundesrepublik Deutschland, in der die Vielfalt der Ziele, Interessen, Handlungsformen, Einflussmöglichkeiten etc. nicht nur politisch gewollt, sondern auch rechtlich zum Beispiel durch Meinungs- und Versammlungsfreiheit, Tarifautonomie, Mehrparteiensystem und formalisierte Beteiligung des Bürgers am Staatshandeln ermöglicht worden ist, gerade unter dem Druck der Knappheit der zur Verfügung stehenden Mittel besonders konkurrierend.[45]

---

42 S. Schubert, Politikfeldanalyse, a. a. O. (Fn. 40), S. 26; von Alemann, Ulrich: Politikbegriffe; in: Nohlen (Hrsg.), Wörterbuch Staat und Politik, Bonn 1991, S. 492.

43 Schubert, Politikfeldanalyse, a. a. O. (Fn. 40), ebd.

44 von Alemann, Politikbegriffe, a. a. O. (Fn. 42), ebd.

45 Vgl. Schubert, Politikfeldanalyse, a. a. O. (Fn. 40), ebd.; von Alemann, Politikbegriffe, a. a. O. (Fn. 42), ebd.

Dimension	Erscheinungsform	Merkmale	Begriff
Form	• Verfassung • Normen • Institutionen	• Organisation • Verfahrensregelungen • Ordnung	polity
Prozess	• Interessen • Konflikte • Kampf	• Macht • Konsens • Durchsetzung	politics
Inhalt	• Aufgaben und Ziele • politische Programme	• Problemlösung • Aufgabenerfüllung • Wert- und Zielorientierung • Gestaltung	policy

Abb. 13: Systematisierung des Politikbegriffs[46]

Alle drei Dimensionen oder Aspekte (Abb. 13) vereinigen sich in der politischen Realität und machen zusammen das aus, was man Politik nennt. Daraus ergibt sich, dass nicht alles in der Gesellschaft politisch ist, aber dass fast alles politisch relevant werden kann.

2.4.2 Die Analyse der Variablen des gesellschaftlich-politischen Prozesses und ihre Bedeutung für eine Untersuchung zur Gemeindeentwicklung

Die Dreiteilung des Begriffs Politik erleichtert die Analyse der Variablen des gesellschaftlich-politischen Prozesses: In der ersten Variable sind die lebensweltlichen Forderungen und Erwartungen an das politische System, also die sozioökonomischen Strukturen, zusammenzufassen, die den politischen Prozess erst in Gang setzen. Die zweite Variable beinhaltet die politischen Strukturen und Prozesse, in denen Konflikt- und Konsensstrategien, Aushandlungs-, Verhandlungs- und Durchsetzungsprozesse politischer Akteure dominieren. Schließlich ist als dritte Variable das für jedermann sichtbare politische Ergebnis zu begreifen.[47]

Für die Frage, welche Außenwirkung politische Strukturen und Prozesse tatsächlich haben, kommt es auf die Gewichtung der drei Variablen an, die in der policy-Forschung unterschiedliche Akzente hat und hatte: Einerseits kann in einer These des „Primats der Politik“ das Gewicht auf die politischen Strukturen und Prozesse gelegt werden, die entscheidend das

46 Quelle: Böhret / Jann / Kronenwett, Innenpolitik und politische Theorie, a. a. O. (Fn. 41), S. 7.
47 Vgl. Schubert, Politikfeldanalyse, a. a. O. (Fn. 40), S. 54 f.

politische Ergebnis bestimmen, während die sozioökonomischen Faktoren nur darauf Einfluss nehmen, ob überhaupt entschieden werden soll oder nicht. Andererseits kann man umgekehrt in einer These vom „Primat sozioökonomischer Strukturen" davon ausgehen, dass die politischen Entscheidungen zum überwiegenden Teil direkt von den sozioökonomischen Strukturen und Bedingungen abhängig sind, während die politischen Strukturen und Prozesse nur innerhalb eines kleinen Spielraums darauf Einfluss nehmen, welche sozioökonomischen Forderungen entschieden werden sollen oder nicht.[48] Für beide Thesen lassen sich durch Auswahl der zu messenden Variablen und Art der Messung Begründungszusammenhänge finden.[49]

Für Untersuchungen zur Gemeindeentwicklung steht regelmäßig der Aspekt der policy im Mittelpunkt: Es stellt sich nämlich die Frage, welches Resultat, also welche Stadtentwicklung (policy) sich real ergibt, wenn im politischen System der Bundesrepublik Deutschland (polity), insbesondere unter den jeweils kommunalpolitischen Gegebenheiten, eine bestimmte, prinzipiell veränderbare Problemlösungsstrategie (politics) eingeschlagen wurde bzw. eingeschlagen werden soll. Es interessiert also die Ausgestaltung des Zusammenspiels der drei Politikdimensionen.

Die politischen Problemlösungsstrategien sind aber von den ökonomisch-gesellschaftlichen Veränderungsprozessen abhängig. Es ist deshalb festzuhalten, welche Entwicklungsprozesse bisher in den Groß- und historisch gewachsenen Mittelstädten der Bundesrepublik Deutschland erforscht worden sind. Denn wenn Mittelstädte am Rande von Ballungsräumen im bundesrepublikanischen System eingebunden sind, müssten die in den größeren Städten festgestellten Stadtentwicklungsphänomene auch bei den hier untersuchten Gemeinden zu beobachten sein.

2.5 Stadtentwicklungsprozesse in Metropolen sowie in historisch gewachsenen Groß- und Mittelstädten der Bundesrepublik Deutschland

Im bisherigen Verlauf ihrer Stadtentwicklung sind die Groß- und Mittelstädte in der Bundesrepublik Deutschland permanenten Veränderungs- und Umstrukturierungsprozessen unterworfen gewesen. Maßgebend war und ist dabei der stetige Anstieg der Bodenpreise, die eine immer intensivere

48 Vgl. dazu die Schaubilder bei *Dye*, T. R.: Understanding Public Policy, Englewood Cliffs 1972, S. 254 ff.

49 Vgl. Schubert, Politikfeldanalyse, a. a. O. (Fn. 40), S. 58.

Nutzung des Bodens bedingten. Die Folge war und ist es nach wie vor, dass es zu Standortverlagerungen durch Verdrängung in den städtischen Quartieren kam. Weniger intensive Flächennutzungen der Wohn- und Gewerbequartiere wurden durch intensivere Nutzungen verdrängt. Die verdrängten mussten sich neue Standorte suchen. Auf diese Weise ergab sich eine Neuverteilung städtischer Nutzungen.[50]

Seit Gründung der Bundesrepublik war abgesehen von der Beseitigung kriegsbedingter Schäden für die groß- und mittelstädtische Stadtentwicklung bestimmend, dass innerhalb des Wirtschaftsbereichs ein Bedeutungsverlust vor allem des Primären Sektors, zu dem jede Rohstoffgewinnung gehört, also Landwirtschaft, Forstwirtschaft, Fischerei und der reine Bergbau ohne Aufbereitung. Auch der Sekundäre Sektor, zu dem die Industrie einschließlich der Energiegewinnung und Aufbereitung von Bergbauprodukten, das Bauwesen, das Handwerk und die Heimarbeit zählen, hat einen enormen Rückgang erfahren. Nutznießer wurde der Tertiäre Sektor, dem alle Wirtschaftsabteilungen zugeordnet werden, die nicht dem primären oder sekundären Sektor angehören. Dies waren und sind im Wesentlichen Handel, Banken, Versicherungen, Dienstleistungen aller Art, etwa der freien Berufe (Ärzte, Rechtsanwälte, Steuerberater, Architekten etc.), des Verkehrs, der Nachrichtenübermittlung, außerdem Organisationen ohne Erwerbscharakter sowie Gebietskörperschaften und Sozialversicherungen.[51] Gegenüber der Rohstoffgewinnung und -verarbeitung war also ein Wachstum des Dienstleistungssektors zu verzeichnen, der eine steigende Nachfrage nach geeigneten Flächen in den Innenstädten, den Stadtzentren, bedingte. Dieser Prozess der Tertiärisierung, der immer noch anhält, führte Anfang der 1960er Jahre, als die Innenstädte keine Kapazitäten mehr frei hatten, zu einem Eindringen des Dienstleistungssektors in die angrenzenden Wohnquartiere. An einigen Standorten entstanden „rückständige Viertel“[52] einerseits durch die Abwanderung wirtschaftlich und sozial starker Haushalte, hervorgerufen durch einen wachsenden Anspruch an Wohnung und Wohnumfeld, andererseits auch von Produktionsbetrieben, die an die

50 Vgl. Leimbrock / Roloff, Mittelstädte im Wandel, a. a. O. (Fn. 3), S. 17.

51 Vgl. Statistisches Bundesamt (Hrsg.): Der Dienstleistungssektor, Wirtschaftsmotor in Deutschland. Ausgewählte Ergebnisse von 2003 bis 2008, Wiesbaden 2009, S. 7.

52 Vgl. Zapf, Katrin: Rückständige Viertel, Frankfurt a. M. 1969; Harlander, Tilman: Wiederaufbau und Modernisierung der Stadtstrukturen – von 1945 bis Mitte der 1970er Jahre; in: Ders. / Bodenschatz / Fehl / Jessen / Kuhn (Hrsg.), Stadtwohnen: Geschichte – Städtebau – Perspektiven, Ludwigsburg, München 2007, S. 247; Schäfers, Bernhard: Stadtsoziologie: Stadtentwicklung und Theorien – Grundlagen und Praxisfelder, 2. Aufl., Wiesbaden 2010, S. 184; Schäfers, Bernhard: Einführung in die Soziologie, 3. Aufl., Wiesbaden 2019, S. 101 ff., 162 f.

Stadtränder oder ins nähere städtische Umland abwanderten, wodurch es dort zu einer Zersiedelung der Landschaft kam.[53] In den Innenstädten führten diese Prozesse entweder zur „schleichenden Umnutzung“[54] oder zur „vollständigen, bis hin zum flächenhaften Abriss ganzer Stadtquartiere reichenden Vernichtung vorhandener Bausubstanz“.[55]

Die Änderungen wurden von den politisch-administrativen Kräften auf der kommunalen Ebene teils nachträglich planerisch sanktioniert oder auch durch groß angelegte Sanierungsprojekte vorangetrieben. Die innerstädtischen Funktionen entmischten sich bis Ende der 1960er Jahre durch diese fortschreitende Entwicklung und führten so „in zunehmendem Maße zur optischen und funktionellen Monotonie der (erweiterten) Innenstädte, zu deren Verödung nach Geschäftsschluss, zu vielfältigen Verkehrsproblemen, zur sozialen Isolierung, zu Ungleichgewichten in der Infrastrukturauslastung sowie zu finanziellen Verlusten bei den von Industrie- und Bevölkerungsabwanderungen ins Umland betroffenen Städten“.[56]

In den 1970er Jahren wandelten sich diese Stadtentwicklungsprozesse einerseits infolge der Verschlechterung der gesamtwirtschaftlichen Lage durch die Rezession 1974/75, die infolge der Ölkrise eingetreten war, andererseits durch Veränderungen in der Standortorientierung. Die verschlechterte wirtschaftliche Lage bedingte einen zeitweiligen Rückgang nach tertiären Nutzungsstandorten in den Innenstadtlagen. Hier waren wegen des Flächenmangels die Bodenpreise und Mieten sehr hoch. Verwaltungen und Bereiche des Handels verlagerten deshalb ihren Standort aus den Innenstädten auf die grüne Wiese, der Handel kreierte die neuen Betriebsformen der Einkaufszentren und Selbstbedienungs-Märkte. Die mit der Studentenbewegung Ende der 1960er, Anfang der 1970er Jahre einhergehende Zunahme kritischer Beobachtung der politisch-administrativen Tätigkeiten durch die Bevölkerung, die in Demonstrationen und Bürgerinitiativen aktiv zum Ausdruck kam, leitete einen Wandel der Sanierungspolitik ein. Dadurch wurde ein weiterer flächenhafter Abriss zentral gelegener Quartiere zugunsten von Banken, Versicherungen, Behörden und Kaufhäusern abgewendet. Gerade die neuen Handelsformen der Einkaufszentren und Verbrauchermärkte auf der grünen Wiese, die mit dem Auto besser zu erreichen waren und genügend Parkraum boten, bildeten nun für die Innenstadtquartiere eine erhebliche Konkurrenz. Sie veranlassten die politisch-

53 Leimbrock / Roloff, Mittelstädte im Wandel, a. a. O. (Fn. 3), S. 18.

54 Ehrlinger, Wolfgang / Gschwind, Friedemann: Modernisierung und Stadtentwicklung. Analysen am Beispiel Stuttgarts und seiner Innenstadt, Arch+ 7, 26/1975, S. 13.

55 Leimbrock / Roloff, Mittelstädte im Wandel, a. a. O. (Fn. 3), ebd.

56 Leimbrock / Roloff, Mittelstädte im Wandel, a. a. O. (Fn. 3), S. 18.

administrativen Kräfte auf kommunaler Ebene, die innerstädtischen Gewerbestandorte aufzuwerten. Als infrastrukturelle Maßnahmen wurden – teilweise – mehrspurige Straßen gebaut, Parkhäuser errichtet und Fußgängerzonen in den Haupteinkaufsgebieten eingerichtet oder ausgedehnt. Dagegen wurde in den innenstadtnahen rückständigen Wohnquartieren – ohne Investitionen – die weitere Entwicklung abgewartet. Diese Viertel stellten billigen – und deshalb auch vermietbaren – Wohnraum zur Verfügung und bildeten Reservestandorte für den Fall weiterer Nachfragen von tertiärer Nutzung in innenstadtnahen Bereichen.[57] Nur dort, wo eine Nachfrage überhaupt nicht mehr zu erwarten war, wurden mit Hilfe öffentlicher Fördermittel Maßnahmen zur Verbesserungen des Wohnumfeldes durchgeführt.[58]

Auch in den 1980er Jahren hielten die Prozesse der Stadt-Rand-Wanderung der Wohn- und Gewerbestandorte des Sekundären, vor allem aber des Tertiären Sektors an.[59] Denn der Fortschritt in der Informations- und Kommunikationstechnik führte für viele Gewerbe des Dienstleistungssektors zur Unabhängigkeit von innerstädtischen zentralen Standorten und verursachte deshalb weiter die Tendenz zur Dezentralisierung. Das Aufkommen von Fachmärkten für nahezu alle Konsumbereiche, ob Baumärkte, Märkte der Unterhaltungselektronik oder für Baby- und Kinderausstattung, die ebenfalls auf der grünen Wiese zumeist in den Einkaufszentren entstanden, führten in gleicher Weise zu einem Verlust zentralörtlicher Funktionen der Innenstädte. Eine Folge davon war die Ende der 1970er Jahre einsetzende und bis heute noch andauernde Krise der großen Warenhäuser in den Innenstädten, von denen viele geschlossen wurden und andere ihr Warensortiment gänzlich umstellen mussten.[60]

57 Vgl. Labinsch, Bodo: Steuerung der Stadtentwicklung über Einzelbauvorhaben? Zur Scheinreform des § 34 BBauG; Stadtbauwelt, 59/1978, S. 240 ff.

58 Vgl. zum ganzen Abschnitt Leimbrock / Roloff, Mittelstädte im Wandel, a. a. O. (Fn. 3), S. 19 f.

59 Vgl. Bundesminister für Raumordnung, Bauwesen und Städtebau (Hrsg.): Stand und Perspektiven der Forschungen über den ländlichen Raum. Ergebnisse eines Forschungskolloquiums im Rahmen der Europäischen Kampagne für den ländlichen Raum (EKL) – veranstaltet am 23. und 24. September 1987 vom Bundesminister für Raumordnung, Bauwesen und Städtebau und der Bundesforschungsanstalt für Landeskunde und Raumordnung (Schriftenreihe „Forschung“ des BM für Raumordnung, Bauwesen und Städtebau, H. 464), Bonn 1988, S. 7 ff. und 115 ff.; Möllers, Neue Mittelstädte im suburbanen Raum, a. a. O. (Fn. 7), S. 28.

60 Briesen, Detlef: Warenhaus, Massenkonsum und Sozialmoral: Zur Geschichte der Konsumkritik im 20. Jahrhundert, Frankfurt a. M. 2001, S. 212 ff.; Leimbrock / Roloff, Mittelstädte im Wandel, a. a. O. (Fn. 3), S. 20; s. dazu auch Häußermann, Hartmut / Siebel, Walter: Die schrumpfende Stadt und die Stadtsoziologie; in: Friedrichs (Hrsg.), Soziologische Stadtforschung, Opladen 1988, S. 78 ff.

2.6 Die leitende Fragestellung für Untersuchungen zu Gemeindeentwicklungsprozessen

Die Beschreibung typischer Verlaufsmuster der Stadtentwicklungsprozesse in Groß- und Mittelstädten der Bundesrepublik Deutschland muss einerseits Grundlage für Untersuchungen zu Gemeindeentwicklungen sein. Denn hieraus ergibt sich bereits, dass die in den Städten vorfindbaren Standortbedingungen nur zum kleinen Teil als naturgegebene und unveränderliche Phänomene aufgefasst werden können. Standortbedingungen werden zum überwiegenden Teil durch privatwirtschaftliche und öffentliche Investitionen produziert. Gerade öffentliche Investitionen sind aber abhängig von normativen Vorbedingungen, sodass andererseits auch die mit kommunalen Neugliederungen geplanten Ziele der Landesentwicklung und Raumplanung in entsprechende Analysen mit einfließen.

Der hier thematisierte Stadttyp ist in Nordrhein-Westfalen erst durch die kommunale Neugliederung ab 1969 per Gesetz zu Gemeinden über 30.000 Einwohnern mit mittelzentralen Funktionen entstanden. Auch wenn einzelne Ortsteile auf eine lange Geschichte verweisen können, sind die hier zu untersuchenden Gemeinden als Gesamtstadt nicht historisch gewachsen und mussten sich deshalb nach der kommunalen Neugliederung durch verstärkte politisch-administrative Planung gesamtstädtisch entwickeln.

Dass in der Vergangenheit bis zur Forschungsarbeit von Leimbrock / Roloff[61] Ende der 1980er Jahre im Mittelpunkt des überwiegenden Forschungsinteresses für städtische Entwicklungsprozesse Großstädte und Ballungsgebiete standen[62], geschah unter der Prämisse, dass besonders deutlich am Beispiel der Großstädte Stadtentwicklungsprozesse erläutert und Forschungserkenntnisse und Modelle gewonnen werden können, die aber für Städte aller Größenordnungen gleichermaßen Geltung haben würden. Für mittlere und kleine Städte wurde überwiegend lediglich eine geringere Intensität der Entwicklungsphänomene angenommen, nicht aber, dass hier die Stadtentwicklung in spezifisch anderer Weise ablaufen würde.[63] Auch Leimbrock / Roloff kamen in ihrer Arbeit zu dem Ergebnis, dass ihre Untersuchungen „zunächst" den Schluss zulassen, „dass die mittelgroßen Städte grundsätzlich von Entwicklungen geprägt werden, wie sie auch für großstädtische Agglomerationen typisch sind".[64] Dies konnte aber

61 Leimbrock / Roloff, (Mittel-)Stadtentwicklung – (Mittel-)Stadtplanung, a. a. O. (Fn. 8).

62 Naßmacher / Naßmacher, Kommunalpolitik in der Bundesrepublik, a. a. O. (Fn. 6), S. 2; Leimbrock / Roloff, Mittelstädte im Wandel, a. a. O. (Fn. 3).

63 Vgl. Leimbrock / Roloff, Mittelstädte im Wandel, a. a. O. (Fn. 3), S. 21.

64 Leimbrock / Roloff, Mittelstädte im Wandel, a. a. O. (Fn. 3), S. 277.

schon deshalb nicht überraschen, weil die Mittelstädte genauso wie Groß- und andere Städte ökonomischen und politisch-administrativen Rahmenbedingungen der Bundesrepublik Deutschland unterliegen. Leimbrock / Roloffs Untersuchung zeigte aber auch, dass „signifikante Spezifika der Entwicklung mittelgroßer Städte“[65] nachzuweisen sind. Im Gegensatz zu Großstädten und Mittelstädten des historisch gewachsenen Typs, wie die beiden sie in den Mittelpunkt ihrer Untersuchung stellten, hat eine kommunale Neugliederung, die mehrere Ämter und Dörfer zu einer Gemeinde zusammenlegt, bei Städten in Ballungsrandzonen zu einem erheblichen Eingriff in die bestehende Kommunallandschaft geführt. Ein solcher Eingriff stellt an die politisch-administrativen Maßnahmenträger mit der Neugründung erhebliche Anforderungen.

Die zentrale Fragestellung für Untersuchungen zu Gemeindeentwicklungsprozessen in Mittelstädten des Ballungsrandgebiets ist es deshalb, wie sich die in den jeweils ausgewählten Städten ablaufenden Veränderungen und Umstrukturierungen in den letzten 25 Jahren seit der kommunalen Neugliederung ausgewirkt haben. Dabei sollte beobachtet werden, ob sich ihre Entwicklung mit der in den historisch gewachsenen Mittel- und Großstädten vergleichen lässt. Besonders spannend ist insbesondere die Fragestellung, welche Bedeutung die kommunalpolitisch-administrativen Planungen für die Gemeindeentwicklungsprozesse hatten und haben, ohne allerdings die Rolle der marktprozessualen Mechanismen zu vernachlässigen. Da die Fallstudien sich auf Städte beziehen, die erst durch die kommunale Neuordnung ihre mittelzentralen Funktionen erhielten, sollte entsprechende Studien nicht nur die Wohnsiedlungs- und Gewerbeansiedlungspolitik, sondern vor allem die Entwicklung der gesamtstädtischen zentralen Standorte untersuchen.

65 Leimbrock / Roloff, Mittelstädte im Wandel, a. a. O. (Fn. 3), S. 283. Zu den Spezifika s. S. 283-303.

3 Analyse der Veränderungs- und Umstrukturierungsprozesse

Stadtentwicklung ist als ununterbrochene Veränderung sozioökonomischer und baulich-räumlicher Stadtstrukturen zu begreifen und abhängig von einer Vielzahl örtlicher und überörtlicher, sehr komplexer Faktoren. Diese lassen sich in zwei Kategorien einteilen. Zur ersten sind die wirtschaftlichen Prozesse zu zählen. Angebot und Nachfrage und damit die ökonomischen Gesetzmäßigkeiten spielen nämlich in der freien Marktwirtschaft der Bundesrepublik Deutschland und zwangsläufig damit auch für die Kommunalentwicklung eine besondere Rolle. Auf der anderen Seite werden die sozioökonomischen und baulich-räumlichen Wandlungen einer Stadt von den Steuerungsleistungen des politisch-administrativen Systems aller staatlichen Ebenen bestimmt, vor allem naturgemäß von denen der Gemeinde selbst.

Allgemein zeichnet sich eine Stadt u. a. durch die relativ geschlossene Ortsform und dichte Bebauung, Multifunktionalität mit stark arbeitsteiliger Wirtschaft, Konzentration von Arbeitsstätten und Wohnungen sowie die Beschäftigung der städtischen Bewohner vorwiegend im Sekundären und Tertiären Sektor aus. Die Stadt ist deshalb als Ort wirtschaftlicher Aktivitäten und Beziehungen zu sehen. Waren und Leistungen werden nicht nur produziert, sie zirkulieren auch und werden konsumiert.[66] Produktion, Zirkulation und Konsumtion betreffen die Standortanforderungen und -orientierungen der Gewerbeflächen, des Stadtzentrums und der Wohnplätze in der Stadt. Die Standortanforderungen und -orientierungen sind abhängig von den wirtschaftlich-gesellschaftlichen Bedingungen, die langfristig einem steten Wandel unterliegen.[67]

3.1 Die Regulationstheorie als Erklärungsmodell des langfristigen wirtschaftlich-gesellschaftlichen Wandels

Die Regulationstheorie ist in den 1970er Jahren in Frankreich entwickelt worden und hat auch in Deutschland an Bedeutung gewonnen.[68] Sie sieht langfristige

66 Vgl. Evers, Agglomerationsprozeß und Staatsfunktionen, a. a. O. (Fn. 4), S. 41 ff.

67 Vgl. Embacher, Serge: Einstellungen zur Demokratie. In: Mörschel / Krell (Hrsg.), Demokratie in Deutschland: Zustand – Herausforderungen – Perspektiven, Wiesbaden 2012, S. 91; kritisch Dörre, Klaus / Lessenich, Stephan / Rosa, Hartmut / Mitarbeit Barth, Thomas: Soziologie – Kapitalismus – Kritik. Eine Debatte, Frankfurt a. M. 2009.

68 Zum Begriff s. Bathelt, Harald: Die Bedeutung der Regulationstheorie in der wirtschaftsgeographischen Forschung, Geographische Zeitschrift (GZ) 81 2/1994, S. 63-90, insbesondere S. 64, Fn. 2. Vgl. Aglietta, Michel: Régulation et Crises du Capitalisme. L' Expérience des États-Unis. Paris 1976. Weiterentwicklung durch Lipietz, Alain: Akkumulation, Krisen und Auswege aus der Krise: Einige methodische Überlegungen zum Begriff „Regulation", Prokla. Zeitschrift für kritische Sozialwissenschaft 58/1985, S. 109-137; Boyer, Robert: Technical Change and the

wirtschaftliche und gesellschaftliche Wandlungsprozesse als eine Aufeinanderfolge von stabilen Entwicklungsphasen an, die jeweils infolge von Krisen auseinander hervorgehen. Dieses Konzept der ökonomischen Wachstums- und Krisenperioden basiert dabei auf einem Zusammenwirken der wirtschaftlichen, technologischen, politischen und gesellschaftlich-institutionellen Strukturen, wobei die Regulationstheorie den Entwicklungszusammenhang in die beiden Teilkomplexe Wachstumsstruktur und Koordinationsmechanismus unterteilt, die sich wechselseitig beeinflussen und trotzdem eine Eigendynamik besitzen.

Die Wachstumsstruktur setzt sich aus der Produktionsstruktur und dem Konsummuster zusammen. Die Produktionsstruktur wird u. a. durch die Arbeitsorganisation, die Arbeitsteilung und durch Produktionskonzepte festgelegt, das Konsummuster wird von Veränderungen u. a. der Einkommensverteilung, der Haushalts- und Familienstruktur sowie kulturelle Traditionen bestimmt. Zwischen Produktionsstruktur und Konsummuster finden markt- und nicht-marktbedingte Austauschprozesse statt. Die Wachstumsstruktur stellt Anforderungen an den Koordinationsmechanismus, in dem die Institutionen der Koordination, für die Bundesrepublik etwa Bund, Länder und Gemeinden, Parteien, Verbände, Interessengruppen und Kirchen, den wirtschaftlich-gesellschaftlichen Handlungsrahmen aushandeln, festlegen, durchsetzen und überwachen. Dies geschieht mit Hilfe der Koordinationsarten wie Normen aller Art, Politiken, Machtverhältnisse, gesellschaftliche Bedürfnisse sowie kulturelle Gewohnheiten. Der Koordinationsmechanismus hat wiederum Auswirkungen auf die Wachstumsstruktur. Diese regulationstheoretische Grundstruktur der wirtschaftlich-gesellschaftlichen Beziehungen hat das Ziel, „eine Erklärung zu geben, warum bei langfristiger Betrachtung Phasen relativ stabilen wirtschaftlichen Wachstums durch Phasen der krisenhaften Entwicklung abgelöst werden“.[69]

Obwohl die Regulationstheorie lediglich den Anspruch erhebt, als Erklärungsmodell des langfristigen wirtschaftlich-gesellschaftlichen Wandels zu fungieren, und keinen unmittelbaren Raumbezug aufweist, eignet sie sich als theoretisches Konzept für geographische Forschungen, in denen die räumlichen

---

Theory of ‚Régulation‘; in: Dosi u. a. (Hrsg.), Technical Change and Economic Theory, London, New York 1988, S. 67-94; Jessop, Bob: Fordism and Post-Fordism: a Critical Reformulation; in: Storper / Scott (Hrsg.), Pathways to Industrialization and Regional Development, London, New York 1992, S. 46-69; Hirsch, Joachim: Kapitalismus ohne Alternative? Hamburg 1990; Bathelt, Harald: Der Einfluß von Schlüsseltechnologie-Industrien auf den regionalen Strukturwandel in den USA und in Kanada. Ein empirischer und theoretischer Beitrag zur industriellen Standortlehre, (Dissertation) Gießen 1991.
Vgl. für Deutschland Bathelt, Die Bedeutung der Regulationstheorie, a. a. O. (Fn. 68), S. 63.

69 Bathelt, Die Bedeutung der Regulationstheorie, a. a. O. (Fn. 68), S. 65. Zur Grundstruktur s. Bathelt, Die Bedeutung der Regulationstheorie, a. a. O. (Fn. 68), S. 66, Abb. 1.

Auswirkungen langfristiger gesellschaftlich-wirtschaftlicher Umstrukturierungs- und Veränderungsprozesse untersucht werden.[70] Denn die Regulationstheorie rückt nicht nur neue Produkte, sondern auch Innovationen des Produktionsprozesses in das Untersuchungsinteresse. Produktstruktur, Konsummuster und Koordinationsmechanismus bedingen bestimmte Formen der Arbeitsorganisation und betriebsinterne und -externe Arbeitsteilung, die schließlich die wirtschaftlichen Standortstrukturen beeinflussen.[71] Damit bietet die Regulationstheorie ein Konzept, Gemeindeentwicklungsprozesse im suburbanen Raum zu erklären.

Die wirtschaftlichen Bedingungen als Ursache für Kommunalentwicklungsprozesse stehen in gegenseitiger Abhängigkeit zum politisch-administrativen Handeln, das ebenfalls die Stadtentwicklungsprozesse entscheidend prägt.

3.2 Politik als Entscheidung durch vorherrschende Weltanschauungen oder Interessenlagen

Politik ist nicht nur Angelegenheit des Bundes oder der Länder. Sie beschränkt sich nicht auf reine abstrakte Normsetzung, deren Vollzug dann scheinbar unpolitische Verwaltung ist. Politik ist vielmehr immer dann gegeben, wenn alternative Maßnahmen anstehen, die allein durch vorherrschende Weltanschauungen oder Interessenlagen entschieden werden. Politik ist deshalb immer potentiell streitig. Ob Straßen gebaut, Bäume gefällt, Kindergartenplätze errichtet oder Großprojekte wie U-Bahnbau, Elbphilharmonie oder „Stuttgart 21“[72] in

---

70 Vgl. dazu Klimek, Björn: Ordnung ins spontane Chaos!: Regulationstheorie regional, national, global, Marburg 2010. Zu den Kritiken an der Regulationstheorie vgl. Eser, Patrick: Perspektiven der Regulationstheorie. Sozialtheoretische Reformulierungsversuche, Hamburg 2008, S. 82 ff.

71 Bathelt, Die Bedeutung der Regulationstheorie, a. a. O. (Fn. 68), S. 86 f.

72 Die Elbphilharmonie Hamburg ist ein seit April 2007 im Bau befindliches Konzerthaus in der HafenCity, dessen Bauende auch nach dem Richtfest im Mai 2010 noch nicht abzusehen war. Erst am 11. Januar 2017 wurde sie feierlich eröffnet. Mitten im Hamburger Hafen steht die Elbphilharmonie auf dem ehemaligen Kakaospeicher „Kaispeicher A“ und stellt seit ihrer Fertigstellung rund 120.000 m² Flächen auf allen Geschossebenen zur Verfügung . Sie beherbergt neben drei Konzertsälen und Backstagebereichen auch ein Hotel, Gastronomiebereiche, 47 Eigentumswohnungen, eine öffentlich zugängliche Plaza auf 37 m Höhe und ein Parkhaus mit 500 Stellplätzen.
Das Verkehrs- und Städtebauprojekt „Stuttgart 21“ zielt auf die Neuordnung des Eisenbahnknotenpunkts Stuttgart, deren wichtigstes Bauprojekt es ist, den Kopfbahnhof des Stuttgarter Hauptbahnhofs zu einem Durchgangsbahnhof aufzulösen. Dazu werden die Zulaufstrecken unter die Erde verlegt. Die überirdisch freiwerdenden Gleisflächen können dann der Stuttgarter Stadtentwicklung zur Verfügung stehen. Zu den begleitenden Protesten vgl. Spiegelonline: Stuttgart 21. Alle Beiträge, zuletzt vom 7.2.2024, https://www.spiegel.de/thema/stuttgart_21/ (letzter Abruf: 28.2.2024).

Angriff genommen werden sollen oder nicht, ist vor allem Angelegenheit der Gemeinden, die sich selbstverständlich aus Fördertöpfen von Europäischen Union, Bund und Land bedienen. Hier werden bestimmte Interessenlagen und Wertvorstellungen berührt. Das ist deshalb Politik. In nicht gewachsenen Gemeinden, sondern solchen, die durch Rechtsakt aus einzelnen Kommunen zusammengesetzt werden, sind widerstreitende Interessen vorprogrammiert.[73]

Kommunalpolitik ist in erster Linie Gesellschaftspolitik, weil bei ihr die Gestaltung des Lebensraums im Mittelpunkt der kommunalpolitischen Aktivitäten und Ziele steht. Diese Aktivitäten sind zu analysieren, weil sie das Konzept darstellen, durch kommunalpolitisch-administratives Handeln die Stadtentwicklungsprozesse zu steuern.

3.3 Die Gestaltung des Lebensraums als zentrale Aufgabe der Kommunalpolitik

Die Gemeinden haben dafür Sorge zu tragen, dass Wasser und Strom zur Verfügung stehen sowie Verkehrswege ausgebaut, dass Abwässer und Müll beseitigt, Kindergärten, Krankenhäuser, Altenheime, Friedhöfe errichtet und unterhalten, dass kulturelle Einrichtungen wie Begegnungsstätten, Museen, Volkshochschulen oder auch Theater sowie Freizeiteinrichtungen wie Sportplätze, Schwimmbäder, Parks und andere landschaftliche Erholungsgebiete geschaffen werden. Auch muss die Gemeinde Ortskerne sanieren sowie Bauplätze für Wohnungen und Gewerbegebiete erschließen und dafür ansiedlungswillige Betriebe gewinnen, um für die in der Gemeinde lebenden Menschen Arbeitsplätze zu schaffen. Die Unterstützung des gemeindlichen Vereinswesens durch Geld und Sachleistungen gehört ebenfalls zu den gemeindlichen Aufgaben. Die Erfüllung aller dieser Aufgaben, die ja schon aus finanziellen Gründen nicht zeitgleich und sofort erfolgen kann, bedingt den politischen Prozess der Stadtentwicklung.

Dass die Erledigung oder Nicht-Erledigung dieser Aufgaben der Kommunen sich von Ort zu Ort unterscheidet, ist nicht nur eine Frage der Größe der jeweiligen Gemeinde. Vielmehr ergeben sich die Unterschiede aus der verschiedenen Prioritätensetzung der sich stellenden Aufgaben durch die politisch-administrativen Funktionsträger.[74] Ob zum Beispiel ein Hallenbad gebaut wird oder ob und in welcher Weise sich die Gemeinde beim öffentlichen Wohnungsbau engagiert, ist von konkreten Interessen und Wertvorstellungen und auch parteipolitisch

73 Vgl. thematisch z. B. Schatz, Heribert / van Ooyen, Robert Chr. / Werthes, Sascha: Wettbewerbsföderalismus. Aufstieg und Fall eines politischen Streitbegriffes, Baden-Baden 2000.

74 Vgl. Wehling, Kommunalpolitik in Geschichte und Gegenwart, a. a. O. (Fn. 26), S. 8.

geprägten, übergreifenden politischen Konzeptionen abhängig. Kommunalpolitische Entscheidungen betreffen deshalb immer alternative Entscheidungen, und fast alle Handlungsfelder haben einen räumlichen Bezug, sodass sie zum Bereich der städtebaulichen Entwicklungsplanung gehören.

3.3.1 Hauptaufgaben der städtebaulichen Entwicklungsplanung

Sowohl die kommunale Wirtschaftspolitik als auch die Wohnungspolitik sind ebenso wie alle Einrichtungen der kommunalen Fürsorge auf die Verfügbarkeit geeigneter Flächen angewiesen. Dabei lassen sich aber nicht alle derartigen Raumansprüche erfüllen. Denn die Grenzen des Gemeindegebiets, naturräumliche Gegebenheiten und auch finanzielle Engpässe sind die Ursachen für Flächenbeschränkungen, zumal die Raumansprüche sich teilweise auf dieselben Standorte im Gemeindegebiet beziehen. Die politisch-administrative Steuerung der Stadtentwicklungsplanung muss deshalb die politische Entscheidung der Raumverteilung herbeiführen.[75]

1960 definierte Lenort die kommunale Entwicklungsplanung als „die Gesamtheit der Tätigkeiten, mit denen die Schaffung, nachhaltige Sicherung und ständige Verbesserung der materiellen und immateriellen Voraussetzungen für das Wohl der Gemeindemitglieder und für die Funktionsfähigkeit des Gemeindeorganismus unter Berücksichtigung der Dynamik des sozialen Lebens angestrebt wird.“[76] Damit ist die kommunale Entwicklungsplanung zu verstehen als Inbegriff aller Tätigkeiten, die zur bewussten Steuerung des Auf- und Ausbaus einer dynamischen Gemeinde eingesetzt werden.[77] Mit dieser Interpretation der Stadtplanung, die sich in den 1960er Jahren allgemein durchsetzte, wurde der städtebaulichen Entwicklungsplanung die Möglichkeit und Fähigkeit zugebilligt, Einfluss auf die Entwicklungskräfte von Wirtschaft und Gesellschaft zu nehmen und deren räumliche Auswirkungen, bezogen auf bestimmte kommunalpolitische Ziele, zu steuern.[78] Ihren Einfluss auf die Stadtentwicklungsprozesse steuert die Gemeinde dabei durch ihre Ressourcen Raum und Geld.

---

75 Vgl. Albers, Gerd: Stadtentwicklungsplanung; in: Roth / Wollmann (Hrsg.), Kommunalpolitik. Politisches Handeln in den Gemeinden (Schriftenreihe der BpB, Bd. 320). Bonn 1993, S. 398.

76 Lenort, Norbert Johannes: Strukturforschung und Gemeindeplanung, Köln, Opladen 1960, S. 31 ff.

77 S. Lenort, Strukturforschung und Gemeindeplanung, a. a. O. (Fn. 76), ebd.

78 Vgl. Albers, Stadtentwicklungsplanung, a. a. O. (Fn. 75), S. 398 f.

3.3.2 Die drei Komponenten städtischer Planungen

Städtische Planungen haben grundsätzlich drei Komponenten: Sie können räumlich, zeitlich oder verhaltensorientiert sein. Als räumliche Komponente ist die Planung eines künftigen Zustands anzusehen etwa in Form der Planung eines Neubaugebiets, das in seiner künftigen Funktion, Struktur und Gestalt kartographisch im ausgebauten Zustand darzustellen ist. Unter zeitlicher Komponente ist die Planung eines zeitlichen Ablaufplans zu verstehen, der unter anderem die Finanzierung, möglicherweise auch den Grunderwerb, die Erschließung mit Straßen, Beleuchtung und Versorgungsleitungen sowie den Anschluss an das öffentliche Verkehrsnetz beinhaltet. Beide Planungskomponenten binden Raum und Geld und legen dadurch unmittelbar gemeindliche Ressourcen endgültig fest.

Die Gemeindeentwicklungsplanung ist darauf gerichtet, die Ressourcen der Kommune – insbesondere den durch das Gemeindegebiet begrenzten Raum – sparsam zu verwalten. Sie will für langfristige, noch nicht überschaubare Entwicklungen, in denen sich Schwerpunkte und wissenschaftliche Erkenntnisse ändern können, einen möglichst weiten Handlungsspielraum erhalten. Deshalb steht für die Stadtentwicklungsplanung vor allem die verhaltensorientierte Planung einer sinnvollen Verwendung knapper Ressourcen im Vordergrund, die den Verbrauch der Gemeinderessourcen noch nicht endgültig festlegt.[79]

Im Mittelpunkt städtebaulicher Entwicklungsplanung stehen Struktur und Gestalt der Stadt sowie ihre Erweiterung, Erneuerung und Innenentwicklung. Unter Innenentwicklung sind Umbaumaßnahmen ohne Inanspruchnahme neuen Baulandes zu verstehen. Die Struktur der Städte, womit die unterschiedlichen örtlichen Nutzungen und ihre technische Infrastruktur gemeint sind, und die Gestalt, die sich vor allem auf die architektonischen Maßnahmen bezieht, sind im Laufe der Geschichte von unterschiedlichen Wünschen und Ansprüchen geprägt worden. Sie unterliegen immer noch einem permanenten Wandel, wie sie sich insbesondere bei den städtebaulichen Erweiterungen, Erneuerungen und Innenentwicklungen zeigt.[80]

Für die Durchsetzung ihrer städtebaulichen Entwicklungsplanung stehen den Gemeinden verschiedene Planungsinstrumente zu.

79 Vgl. Albers, Stadtentwicklungsplanung, a. a. O. (Fn. 75), S. 403.
80 Vgl. Albers, Stadtentwicklungsplanung, a. a. O. (Fn. 75), S. 403 f.

3.3.3 Instrumente städtebaulicher Entwicklungsplanung

Die Gemeinden können für die städtebauliche Entwicklungsplanung grundsätzlich drei unterschiedliche Arten von Planungsinstrumenten einsetzen: rechtsverbindliche, informelle und eigenaktive: Denn die Kommunen können rechtsförmliche Beschlüsse in Bauleitplänen fassen, Rahmen- und Entwicklungspläne für städtebauliche Ziele aufstellen und Informationsarbeit gegenüber Bürgerinnen und Bürgern leisten. Darüber hinaus können sie eigene auf städtebauliche Entwicklungsplanungen gerichtete Maßnahmen, die auch im privatrechtlichen Bereich liegen dürfen, ergreifen.

Wichtigstes Instrument zur Durchsetzung der städtebaulichen Entwicklungsplanung ist seit 1960 das Baugesetzbuch (BauGB). Aktuell ist es in der Fassung der Bekanntmachung vom 3. November 2017.[81] Das BauGB fasst im Wesentlichen das 1976 erheblich novellierte Bundesbaugesetz von 1960 und das Städtebauförderungsgesetz von 1971 zusammen und hat inzwischen auch mehrere Richtlinien der EU umgesetzt.[82] Für die mittel- und langfristige räumliche Nutzung und Gestaltung des Stadtgebietes bedient sich die Stadtplanung danach insbesondere der beiden rechtsförmlichen Plantypen des Flächennutzungsplans (FNP) und des Bebauungsplans.

Der FNP stellt die gesamtstädtische Entwicklungsplanung zum Zeitpunkt der Planaufstellung in den Grundzügen dar. Er enthält vor allem die Art der Bodennutzungen in der Gemeinde. Aus dem vorbereitenden FNP sind die rechtsverbindlichen Bebauungspläne, die in ihrer Gesamtheit die Grundlage und den Rahmen für den planungs- und baurechtlichen Vollzug der Stadtplanung mit den Hauptfunktionen Wohnen, Infrastruktur und Erholung/Freizeit gewährleisten, zu entwickeln. Die Bebauungspläne dürfen nicht wesentlich vom FNP abweichen und müssen „mindestens Vorschriften über Art und Maß der baulichen Nutzung, über die überbaubaren Grundstücksteile und über die

81 BGBl. I 2017, S. 3634.

82 1. Richtlinie 92/43/EWG des Rates vom 21. Mai 1992 zur Erhaltung der natürlichen Lebensräume sowie der wild lebenden Tiere und Pflanzen (ABl. L 206 vom 22.7.1992, S. 7), die zuletzt durch die Richtlinie 2013/17/EU (ABl. L 158 vom 10.6.2013, S. 193) geändert worden ist, 2. Richtlinie 2001/42/EG des Europäischen Parlaments und des Rates vom 27. Juni 2001 über die Prüfung der Umweltauswirkungen bestimmter Pläne und Programme (ABl. L 197 vom 21.7.2001, S. 30), 3. Richtlinie 2009/147/EG des Europäischen Parlaments und des Rates vom 30. November 2009 über die Erhaltung der wildlebenden Vogelarten (ABl. L 20 vom 26.1.2010, S. 7), die zuletzt durch die Richtlinie 2013/17/EU (ABl. L 158 vom 10.6.2013, S. 193) geändert worden ist, 4. Richtlinie 2011/92/EU des Europäischen Parlaments und des Rates vom 13. Dezember 2011 über die Umweltverträglichkeitsprüfung bei bestimmten öffentlichen und privaten Projekten (ABl. L 26 vom 28.1.2012, S. 1), die zuletzt durch die Richtlinie 2014/52/EU (ABl. L 124 vom 25.4.2014, S. 1) geändert worden ist.

örtlichen Verkehrsflächen enthalten".[83] Wegen ihrer Rechtsverbindlichkeit sind die Bauleitpläne sehr starr und deshalb ungeeignet, genügend Handlungsspielräume für spätere gesellschaftliche und technische Erkenntnisse und Erfahrungen offen zu lassen.

Für langfristige Planungen bieten sich den Gemeinden daher informelle Instrumente an, die nicht allgemein rechtsförmlich gebunden sind, an die sich aber die politisch-administrativen Funktionsträger in den Gemeinden durch Ratsbeschluss binden können. Zu ihnen zählen Stadtentwicklungs- und städtebauliche Rahmenpläne, die insbesondere für die Gemeindeverwaltungen als Leitpläne dienen. Auch die Information und die Überzeugung von Bürgern und Investoren gehört zu den informellen Planungsinstrumenten.

Stadtentwicklungsprozesse können die Gemeinden außerdem durch eigene Aktivitäten außerhalb der vorgenannten Planaufstellungen steuern. Sie haben die Möglichkeit, durch entsprechende Investitionen in die Infrastruktur – etwa in den Hoch- und Tiefbau oder in soziale Bereiche wie Krankenhäuser, Sozialwohnungen – Ziele ihrer Stadtentwicklungsplanung zu erreichen. Darüber hinaus können die Gemeinden auch durch die Erhebung von Steuern und Gebühren oder die Gewährung von Subventionen[84] die Stadtentwicklungsprozesse beeinflussen. Als weitere Planungsinstrumente sind privatrechtliche Maßnahmen anzusehen, die einmal durch die Bedingungen, welche die Gemeinden bei der Veräußerung von Immobilien stellen, oder durch die Institutionalisierung von Bauträger- oder Entwicklungsgesellschaften entstehen.[85]

Mit Hilfe dieser Planungsinstrumente werden bereits erkannte und diskutierte politische Probleme der Gemeindeentwicklung in die Wirklichkeit umgesetzt. Zu untersuchen ist deshalb, wie die Phasen der Verarbeitung politischer Probleme verlaufen.

3.4 Die Phasen der Verarbeitung politischer Probleme

Politik bezieht sich regelmäßig auf konkrete Probleme, die in bestimmten Situationen auftreten und für die Lösungen erforderlich und angestrebt werden. Dieser politische Prozess der Problemverarbeitung kann zeitlich in einzelne Phasen aufgeteilt werden, wobei der Prozess aber dynamisch verläuft, sodass die einzelnen Phasen deshalb nicht notwendigerweise immer eindeutig abgegrenzt werden und zeitlich ineinander- und/oder parallel zueinander ablaufen

83 Albers, Stadtentwicklungsplanung, a. a. O. (Fn. 75), S. 405.
84 Soweit den Gemeinden dies noch erlaubt ist.
85 Vgl. dazu Albers, Stadtentwicklungsplanung, a. a. O. (Fn. 75), S. 406 sowie Schiffers, Bertram: Verfügungsrechte im Stadtumbau: Handlungsmuster und Steuerungsinstrumente im Altbauquartier (Quartiersforschung), Wiesbaden 2009.

können. Grundsätzlich werden diese Phasen nach Schubert aber folgendermaßen eingeteilt:[86]

- Erkennen und Aufnehmen von politischen Problemen (Aggregation oder Initiation),
- Entwicklung von Handlungsalternativen (Estimation),
- Politische Entscheidung der diskutierten Problemlösung (Selektion),
- Umsetzung der politischen Entscheidung in die Wirklichkeit (Implementation) und
- Bewertung der politischen Entscheidung (Evaluation).

Für die Phase des Erkennens und Aufnehmens von politischen Problemen ist es unerheblich, wodurch, an welchem Ort und durch wen Probleme wahrgenommen und artikuliert werden. Auslöser können Bürgerinitiativen oder auch nur ein einzelner Zeitungsartikel sein. Deshalb ist diese Phase auch nur schwer zu analysieren. Auf kommunalpolitischer Ebene ist der Initiator – wenn nicht gerade einer der gelegentlichen Bürgerbegehren oder Einwohneranträge vorliegen – selten eindeutig feststellbar. Ein politisches Problem wird daher in der Regel erst durch die Einbringung in Gemeinderats- oder Ausschusssitzungen aufgenommen. Hier beginnt auch die Phase der Entwicklung von Handlungsalternativen, wobei zunächst das Problem genau strukturiert werden muss, um daraus konkrete Ziele und Teilziele zu entwickeln. Im Mittelpunkt steht dabei die Abschätzung von Kosten und Nutzen der politischen Strategie. Gerade in dieser Phase werden die Weichen zur Problemlösung gestellt. Eine fehlerhafte Problemeinschätzung führt zwangsläufig zu falschen Zielen, die kaum zur Behebung des Ausgangsproblems führen werden.

In der Phase der politischen Entscheidung der diskutierten Problemlösung stehen nicht immer mehrere Lösungsalternativen zur Verfügung, da ja durch Aushandlungs-, Verhandlungs- und Durchsetzungsprozesse der an dem Problem unmittelbar oder mittelbar beteiligten oder interessierten politischen Akteure innerhalb und außerhalb des politisch-administrativen Systems häufig bereits ein optimierter Lösungsvorschlag erarbeitet ist. Auf kommunaler Ebene wird in der Regel die politische Entscheidung vom Gemeinderat getroffen, der die Gemeindeverwaltung dazu anhält, die Umsetzung der politischen Entscheidung in die Wirklichkeit durchzuführen. Während dieser Umsetzungsphase kann die ursprüngliche politische Absicht durch die Einflussnahme von bisher noch nicht beteiligten politischen Akteuren und Interessengruppen zum Bei-

86 Schubert, Politikfeldanalyse, a. a. O. (Fn. 40), S. 69 ff.; vgl. auch Schneider / Janning, Politikfeldanalyse, a. a. O. (Fn. 41), S. 48 ff.

spiel durch den Prozess der Offenlegung von Flächennutzungs- oder Bebauungsplänen erhebliche inhaltliche Veränderungen erfahren.

Die Bewertung der politischen Entscheidung kann aus unterschiedlichen Blickrichtungen erfolgen. Aus Sicht der Kommunalverwaltung stehen Bewertungskriterien nach rein finanziellen Maßstäben regelmäßig an erster Stelle. So werden etwa die ursprünglichen Berechnungen finanzieller und personeller Ausstattung des politischen Programms nach seiner Umsetzung in die Praxis verwaltungsintern oder -extern kontrolliert. Die politische Bewertung will dagegen eher untersuchen, ob mit dem Programm auch bestimmte Interessen – um nicht zu sagen Wählergruppen – erreicht worden sind.

Durch diese Einteilung in fünf Phasen[87] des politischen Prozesses der Problemverarbeitung wird Politik als Ergebnis politischer Prozesse erklärbar, das ständigen Wandlungen und Interpretationen unterliegt. Die Möglichkeit der Veränderungen politischer Schwerpunkte im Laufe des politischen Prozesses wird durch die Phaseneinteilung verdeutlicht.

Das Konzept kommunalpolitisch-administrativen Handelns als Ursache für Stadtentwicklungsprozesse beinhaltet aber neben den Phasen der Verarbeitung politischer Probleme notwendig auch die Untersuchung des Beziehungsgeflechts der politischen Akteure in der Gemeinde und die Instrumente politischer Gestaltung.

3.5 Das Beziehungsgeflecht der politischen Akteure in der Gemeinde und die Instrumente politischer Gestaltung

Alles politische Denken und alle politische Aktivitäten sind auf ein bestimmtes Ziel gerichtet, das durch Strategien und Taktiken erreicht werden soll. Es stellt sich deshalb zunächst die Frage, wer an den politischen Prozessen in den Gemeinden beteiligt und wie das Beziehungsgeflecht der Akteure untereinander beschaffen ist. Daraus lässt sich nämlich unter Umständen das Ausmaß des möglichen Verhandlungsspielraums ableiten.

Auf Gemeindeebene zählen zu den politischen Akteuren unstreitig die Stadtverordneten des Gemeinderats, der Bürgermeister, die Ortsvorsteher, die Aktivisten der örtlichen Parteien, das Fachpersonal der Gemeindeverwaltung – insbesondere der leitenden Ebene, führende Vertreter der örtlichen Wirtschaft, der Kirchen, örtlichen Vereine und Verbände, Redakteure der lokalen Tageszeitungen und Anzeigenblätter sowie politisch oder fachlich wichtige Einzelpersonen. Diese Akteure stehen mit- und untereinander in organisato-

87 Schubert, Politikfeldanalyse, a. a. O. (Fn. 40), S. 76 f. ergänzt als sechste Phase die Politikbeendigung (Termination), die er aber als Ausnahme ansieht.

rischen Beziehungsgeflechten, „die nicht durchgehend hierarchisch strukturiert sind, sich aber trotzdem durch eine gewisse Dichte oder Dauerhaftigkeit der Beziehungen und durch ihre Gegenseitigkeit auszeichnen.“[88]

Unter dem Begriff der politischen Steuerungsinstrumente werden alle diejenigen konkreten operativen Mittel verstanden, die zur Erreichung eines politischen Ziels eingesetzt werden. Sie umfassen grundsätzlich alle Möglichkeiten, die geeignet sind, das Verhalten der am Entscheidungsprozeß beteiligten Personen und/oder Institutionen so zu beeinflussen, dass die gewünschten Ziele erreicht werden.[89] Die Vielfalt solcher Möglichkeiten der Durchsetzung politischer Entscheidungen innerhalb und außerhalb des politisch-administrativen Systems ist enorm groß: „Sie reicht von der einfachen Weitergabe von Informationen bis zur Anwendung von physischem Zwang, von der positiven Aufforderung bis zum kategorischen Verbot, von der materiellen Subventionierung bis zur steuerlichen Sanktionierung.“[90] Nach Schubert[91] lassen sich die politischen Steuerungsinstrumente in die drei Grundtypen *Überzeugung*, *Regulierung* und *Finanzierung* einteilen, die zusätzlich jeweils graduell unterschieden werden können.

Der Prozess der Überzeugung ist vielschichtig angelegt. Grundsätzlich beinhaltet er die Intention, andere Personen oder Institutionen zum Beitritt zu einer vorgegebenen Meinung oder Absicht zu animieren. Dies geschieht unter dem Schutz der Kommunikationsgrundrechte in erster Linie schlicht durch Information. Die bloße Information reicht aber dann nicht mehr aus, wenn die Adressaten der Überzeugung bereits eine Gegenmeinung vertreten oder der Nutzer des politischen Steuerungsinstruments – aus welchen Gründen auch immer – unbedingt die Übernahme seiner Meinung oder Absicht durch den Adressaten und zielkonformes Handeln aufzwingen will. Aus der Information werden dann politische Werbung, Appelle, propagandistische Agitationen oder sogar Zwang gestaltet, etwa in Form von Ersatzvornahmen oder durch Verhängung von Zwangsgeldern. Hinter der politischen Werbung steht auf kommunaler Ebene die konkrete Absicht, zwischen Gemeinderat, Gemeindeverwaltung, den politischen Parteien usw. und den Einwohnern der Gemeinde unter Zuhilfenahme professioneller Werbestrategien eine Einigung zu erreichen. Zu den Werbestrategien zählen in erster Linie Internetauftritte, aber immer noch eigene Broschüren, Veröffentlichungen in Zeitungen, eine das Ge-

88 Mayntz, Renate: Implementation politischer Programme. Empirische Forschungsberichte, Königstein 1980, S. 8.
89 Vgl. Jann, Werner: Kategorien der Policy-Forschung (Speyerer Arbeitshefte, 37), Speyer 1981, S. 60.
90 Schubert, Politikfeldanalyse, a. a. O. (Fn. 40), S. 172.
91 Ebd. sowie Blum / Schubert, Politikfeldanalyse, a. a. O. (Fn. 40), S. 83.

meindegebiet umfassende Plakatierung, Postwurfsendungen und anderes. Dabei werden unter propagandistischer Agitation die negativen Seiten und Formen der politischen Werbung verstanden. Appelle richten sich vor allem an Werthaltungen der Adressaten, etwa wenn der Bürgermeister in einer Einwohnerversammlung die Anwesenden auffordert, sich in Tempo-30-Zonen zur Verbesserung der Wohnumfeldqualität dauerhaft an die vorgeschriebene Höchstgeschwindigkeit zu halten.

Unter dem Begriff der Regulierung kann objektiv zunächst die Summe der formellen und materiellen Gesetze verstanden werden, die allgemein Ordnungsfunktion haben. Das Selbstverwaltungsrecht der Gemeinden mit der Möglichkeit, zum Beispiel durch Satzungen für alle Einwohner verbindlich Ge- und Verbote aufzustellen, die jeweils noch mit Sanktionen verknüpft werden können, gibt den politischen Entscheidungsträgern in den Gemeinden auch ein Steuerungsinstrument in die Hand, um ein dem politischen Ziel entsprechendes Verhalten der Adressaten durchzusetzen.

Ebenso lässt sich mit den Mitteln der Finanzierung die politische Gestaltung in der Gemeinde durchsetzen. Denn mit der Erhebung von Steuern und Abgaben sowie der Gewährung von Subventionen an Gewerbebetriebe und Privathaushalte lassen sich Steuerungsstrategien zur Erreichung bestimmter politischer Ziele verwirklichen.[92]

Durch die politischen Steuerungsinstrumente der Überzeugung, Regulierung und Finanzierung werden auch die Prozesse der Stadtentwicklung gesteuert. Durch bloße Informationen – zum Beispiel in Form großer Plakate an Autobahnen und anderen Fernstraßen oder durch Zeitungsanzeigen in überregionalen Tageszeitungen – können Gewerbeansiedlungspolitik und Wohnsiedlungspolitik gefördert werden. Die Durchsetzung dieser Politiken, die sich auch auf die Errichtung oder den Ausbau des Stadtzentrums beziehen können, lassen sich noch eher durch die politischen Steuerungsinstrumente der Regulierung erreichen, die zum Beispiel durch Aufstellung des Flächennutzungsplans und der Bebauungspläne durchgeführt wird. Denn in diesen Bauleitplänen legen die Gemeinden u. a. die Gewerbeflächen, den oder die zentralen Entwicklungsschwerpunkte sowie die Standards der Wohnbebauung fest. Aber auch durch das Mittel der Finanzierung – zum Beispiel durch Erhöhung oder Minderung der Gewerbesteuerhebesätze, Verringerung des Grundstückpreises von Gewerbeflächen, durch Erbbaurechtsprogramme für Wohn- oder Gewer-

92 Vgl. Schubert, Politikfeldanalyse, a. a. O. (Fn. 40), S. 172-183; vgl. auch Döhler, Marion: Die begrenzte Rationalität von Delegation und Steuerung in der Bundesverwaltung; in: Ganghof / Manow (Hrsg.), Mechanismen der Politik: Strategische Interaktionen im deutschen Regierungssystem (Schriften aus dem MPI für Gesellschaftsforschung), Frankfurt a. M. 2005, S. 215 ff.

beflächen insbesondere im Bereich des geplanten Stadtzentrums etc. – lassen sich politisch Gemeindeentwicklungsprozesse steuern.

Diese Darstellungen der Verarbeitung politischer Probleme sowie des Beziehungsgeflechts der politischen Akteure in der Gemeinde und die Instrumente politischer Gestaltung ließen bisher offen, welche materiellen Handlungs- und Entscheidungsspielräume die Gemeindepolitik angesichts der rechtlichen und finanziellen Abhängigkeit von Bund, Land und der Europäischen Union überhaupt hat.

3.6 Die Handlungs- und Entscheidungsspielräume der Gemeindepolitik

Politik in der Gemeinde wurde erst im Zusammenhang mit den politisch-kulturellen Veränderungen in den 1960er Jahren in den Mittelpunkt sozialwissenschaftlicher Forschung und politischer Bewegungen gerückt.[93] Bis dahin war die Kommunalpolitik in die Erfüllung zentralstaatlicher Funktionen eingebunden. Kern der Kommunalpolitik ist die kommunale Selbstverwaltung, die von der geordneten, gemeinschaftlichen Erledigung infrastruktureller, wirtschaftlicher, ordnungspolitischer und sozialer Aufgaben bestimmt wird.

Die Frage nach den Handlungs- und Entscheidungsspielräumen der Kommunalpolitik bleibt nach wie vor eines der zentralen Themen der lokalen Politikforschung, weil bisherige Untersuchungen zum politisch-administrativen Handlungsspielraum auf Gemeindeebene erkennen ließen, „dass im Zuge funktions-räumlicher Arbeitsteilung und Verflechtung sowie wachsender Abhängigkeiten der Kommunalpolitik von Entscheidungen anderer Gemeinden, des Landes, des Bundes und der EG die kommunale Selbstverwaltung sich inhaltlich und politisch verändert hat".[94] Im Einzelnen lassen sich vier wesentliche Einflussfaktoren für diese Veränderungen der Handlungs- und Entscheidungsspielräume nennen:

- die funktionsräumliche Arbeitsteilung, die sich zum Beispiel in Arbeits-, Einkaufs-, Wohn- oder Freizeitfunktion aufteilt,
- die Kosten einsparende Optimierung der gemeindlichen Infrastruktureinrichtungen, zu denen zum Beispiel der ÖPNV, Deponien, Wasserwerke, aber auch hochwertige Kultureinrichtungen gehören,

93 S. Häußermann, Die Bedeutung „lokaler Politik", a. a. O. (Fn. 24), S. 35 ff.; vgl. auch Schubert, Politikfeldanalyse, a. a. O. (Fn. 40), S. 79.

94 Fürst, Dietrich: Stadt und Region in Verdichtungsräumen; in: Blanke / Benzler (Hrsg.), Staat und Stadt, Opladen 1991, S. 93.

- der zunehmende Wettbewerb verschiedener Verdichtungsräume bzw. Regionen, der etwa durch die – z. T. ministeriell unterstützte – räumliche Verteilung innovativer technologischer Programme durch Großunternehmen (z. B. Windparks und Solarfelder, Kommunikationssysteme über Breitbandkabelnetz etc.) ausgelöst wird, und
- die zunehmende Entscheidungszentralisierung auf den Bund und die Europäische Union.[95]

Die Konsequenz ist eine Verlagerung des politisch-administrativen Entscheidungsspielraums auf Gemeindeebene sowohl in räumlicher als auch in materieller Hinsicht: Räumlich ergibt sich die Verlagerung durch die Einbindung der Gemeinden in immer mehr überlokale Entscheidungsbereiche, materiell daraus, dass nun nicht mehr allein über gemeindliche Belange entschieden, sondern auch bei überörtlichen Entscheidungen mitgewirkt wird. Anders als in ländlichen Regionen werden diese Veränderungen der politisch-administrativen Handlungsfelder in Verdichtungsräumen stärker wahrgenommen, weil hier wegen der Kernstadt-Umland-Beziehungen die funktionsräumliche Arbeitsteilung der angrenzenden Kommunen ausgeprägter ist.[96] Allerdings ist in stark belasteten Verdichtungsräumen festzustellen, dass Umlandgemeinden immer weniger Interesse daran haben, die Wohnfunktion für ehemalige Kernstadtbewohner zu übernehmen. Denn ein solcher Siedlungsdruck treibt die Bodenpreise in die Höhe und erschwert „der einheimischen Bevölkerung den Zugang zu Boden und Eigenheim".[97]

Gerade in Stadtentwicklungsprozessen, die der Regionalplanung unterliegen, wird die Abhängigkeit der Kommunalpolitik von Entscheidungen anderer Gemeinden, des Landes und des Bundes und damit die Enge des Handlungs- und Entscheidungsspielraums der einzelnen Gemeinde besonders deutlich. Denn Raumordnungspläne enthalten übergemeindliche Ordnungsregeln, die einerseits planerische Funktionszuweisungen für Freiräume etwa zum Schutze des Klimas, des Wassers, der Natur oder der Erholung enthalten. Andererseits können sie einzelnen Gemeinden Optionen etwa in Form von Zuweisungen

95 Vgl. zum Beispiel Osthorst, Winfried: Die EU-Politik und kommunale Handlungsspielräume: Das Beispiel Abfallentsorgung; in: Gestring / Glasauer / Hannemann / Petrowsky / Pohlan (Hrsg.), Jahrbuch StadtRegion 2003: Schwerpunkt: Urbane Regionen, Opladen 2004, S. 145-156.

96 Vgl. Prigge, Rolf / Schwarzer, Thomas: Großstädte zwischen Hierarchie, Wettbewerb und Kooperation (Stadtforschung aktuell), Wiesbaden 2006, S. 39 ff.; Fürst, Stadt und Region in Verdichtungsräumen, a. a. O. (Fn. 94), S. 95; Clemens, Corinna: Planen mit der Landschaft im suburbanen Raum: Landschaft als Bedingung, Objekt und Chance räumlicher Planung für das Umland (Diss. RWTH Aachen), Stuttgart 2002, S. 55 ff.

97 Fürst, Stadt und Region in Verdichtungsräumen, a. a. O. (Fn. 94), S. 108, Fn. 5.

von Siedlungsflächen gewähren, welche die Entwicklung anderer Kommunen, denen Siedlungsflächen entzogen oder in der Nutzung zum Beispiel durch ein Verbot von Gewerbeflächenausweisung in dichter Nähe zu Wohngebieten der Nachbargemeinde beschränken, beeinträchtigen. Die Zusammenarbeit der Gemeinden etwa in einem Bezirksplanungsverband gestaltet sich dann schwierig und ist geprägt von Verteilungskonflikten.[98]

3.7 Ökonomische Standortanforderungen und -orientierungen

Um Stadtentwicklungsprozesse im suburbanen Raum empirisch untersuchen zu können, sind einerseits ökonomische Standortanforderungen und -orientierungen, auf welche die Gemeinden bei ihrer politisch-administrativen Planung Rücksicht nehmen muss, sowie andererseits die Rahmenbedingungen für die politisch-administrativen Maßnahmen festzustellen.

Die Flächennutzungsarten des Primären Sektors, der Urproduktion durch Land-, Forstwirtschaft und Fischerei sowie den reinen Bergbau, sind eindeutig und standortgebunden und deshalb nicht für die Frage ökonomischer Standortanforderungen und -orientierungen relevant. Vom Standort grundsätzlich unabhängig sind aber der Sekundäre und Tertiäre Sektor.

Für den Sekundären Sektor, die industrielle und handwerkliche Warenproduktion, ist im Gegensatz zum Tertiären Sektor eine Rationalisierung, Mechanisierung und Automatisierung der Arbeitsabläufe zu verzeichnen. Dabei ist ein Übergang von arbeitsintensiver zu kapitalintensiver Fertigung mit einer Stadt-Rand-Wanderung zu beobachten. Denn die Mechanisierung und Automatisierung der Produktionsabläufe bedingen Fertigungsanlagen mit großem Flächenbedarf und hohem Gewicht. Sie sind zumeist nur in eingeschossigen Werkhallen mit großem Grundflächenbedarf unterzubringen. Hochtechnologie und Präzisionsfertigung erfordern zudem besondere Qualitätsansprüche an die Gewerbeflächen, die möglichst immissions- und belastungsfrei sein müssen. Wegen Raummangels und hoher Bodenpreise sowie verdichteter, immissionsintensiver Straßenverkehre wirken sich Innenstadtlagen für Betriebe des Sekundären Sektors betriebswirtschaftlich negativ aus. Aus den Innenstädten und innenstadtnahen Gebieten heraus kommt es deshalb zur Konzentration von Produktionsstandorten an den Stadträndern und im städtischen Umland, wo Flächenangebote zu bezahlbaren Bodenpreisen bereitstehen, die weitgehend immissions- und belastungsfrei sind.

98 Vgl. Priebs, Axel: Vom Stadt-Umland-Gegensatz zur vernetzten Stadtregion; in: Gestring / Glasauer / Hannemann / Petrowsky / Pohlan (Hrsg.), Jahrbuch StadtRegion 2003: Schwerpunkt: Urbane Regionen, Opladen 2004, S. 17-42.

Für den Tertiären Sektor ergibt sich die Bedeutungszunahme durch die rasche Expansion des Sekundären Sektors von Produktion, Vertrieb und Konsumtion mit Wachstum von Handel, Banken, Versicherungen und Verkehr. Auch durch die Kommerzialisierung oder Verstaatlichung sozialer Leistungen, die früher von der sozialen Umwelt unentgeltlich erbracht wurden, und durch die Ausweitung staatlicher und kommunaler Aktivitäten, ist die Bedeutungszunahme zu erklären.[99] Eine Stadt-Rand-Wanderung ist hier nur für die Betriebe zu verzeichnen, die – wie etwa SB-Warenhäuser und Verbrauchermärkte – aufgrund ihrer Konzeption einen hohen Grundflächenbedarf haben.

Zu den Hauptbestimmungsfaktoren für die Standortanforderungen sowie die -orientierungen des Sekundären Sektors gehören erstens, obwohl die Transportkostenorientierung seit der Industrialisierung an Bedeutung verloren hat[100], die Verkehrsverhältnisse mit guter Anbindung an die Absatzmärkte und guter Erreichbarkeit von Zulieferern und auch der beschäftigten Arbeitskräfte. Zweitens ist dazu das zur Verfügung stehende Arbeitskräftepotential an Fach- und Führungskräften zu zählen, was allerdings durch den Übergang zu kapitalintensiver Produktion weniger relevant wird. Drittens gehören die unmittelbar mit den Verkehrsverhältnissen, Arbeitskräftepotentialen und den öffentlichen Infrastruktureinrichtungen in Zusammenhang stehenden Agglomerationsvorteile, die sich aber hier eher auf betriebsverwandte Einrichtungen des Sekundären Sektors beschränken, dazu. Die Gewichtung dieser genannten Hauptbestimmungsfaktoren für die Standortwahl hängt vom Betrieb selbst ab: Entscheidend ist dabei, ob er ein Groß-, Kleinindustrie- oder Handwerksbetrieb ist, ob er arbeitsintensiver oder kapitalintensiver Produktions-, Investitions-, Konsumgüter oder Nahrungs- und Genussmittel produziert.[101]

Eine räumliche Nähe zu den Endverbrauchern, die für die industrielle Fertigung überwiegend unerheblich ist, ist für die Betriebe des Tertiären Sektors wichtig. Denn ein hohes Kaufkraft- und Nachfragepotential lässt sich nur durch gute Verkehrsverhältnisse zwischen Einrichtung und Endverbraucher erreichen, wobei zwar nicht die gute Erreichbarkeit von Zulieferern, aber der beschäftigten Arbeitskräfte eingeschlossen ist. Weitere Hauptbestimmungsfaktoren für die Standortanforderungen und -orientierungen des Tertiären Sektors sind das zur Verfügung stehende Arbeitskräftepotential an Fach- und Führungskräften und die Agglomerationsvorteile. Sie können für die Betriebe des Tertiären Sektors unter anderem Prestigegewinn bringen. Gerade die gute Lage bedingt ein werbewirksames Image.[102]

99 Vgl. Leimbrock / Roloff, Mittelstädte im Wandel, a. a. O. (Fn. 3), S. 65.
100 Vgl. Brede, Helmut: Bestimmungsfaktoren industrieller Standorte, Berlin 1971, S. 17.
101 Vgl. Fürst, Dietrich (Hrsg.): Stadtökonomie, Stuttgart 1977, S. 189 ff.
102 Vgl. Bundesminister für Raumordnung, Bauwesen und Städtebau (Hrsg.): Städtebaubericht

Die sozioökonomischen und baulich-räumlichen Veränderungs- und Umstrukturierungsprozesse der Städte stehen aber nicht nur in ökonomischer, sondern vor allem auch in Abhängigkeit von politisch-administrativen Maßnahmen der Gemeinden. Es ist deshalb zu prüfen, welchen Rahmenbedingungen die politisch-administrativen Maßnahmen selbst ausgesetzt sind.

Die Kommunen unterliegen als juristische Personen einerseits den für alle natürlichen und juristischen Personen geltenden Gesetzen und zum anderen besonderen Vorschriften, die ihren Status und ihre Aufgaben verbindlich regeln. Letztere regeln die Autonomie der Gemeinden, also die Möglichkeiten und Grenzen des kommunalen Selbstverwaltungsrechts der Gemeinden. Die Enquête-Kommission „Verfassungsreform" verstand in ihrem Schlussbericht unter kommunaler Selbstverwaltung „eine dezentralisierte Verwaltungsform zur eigenberechtigten Erledigung öffentlicher Angelegenheiten durch Organe, die von örtlichen Gemeinschaften konstituiert werden".[103]

Die Rahmenbedingungen dieser „eigenberechtigten Erledigung öffentlicher Angelegenheiten", also das Selbstverwaltungsrecht, sind somit im Folgenden zu untersuchen.

3.8 Das Selbstverwaltungsrecht der Gemeinden am Beispiel Nordrhein-Westfalens

In diesem Abschnitt sollen einerseits die rechtlichen Voraussetzungen des kommunalen Selbstverwaltungsrechts und seiner Möglichkeiten und Grenzen sowie andererseits einige wesentliche faktische Beschränkungen dieses Rechts – ohne Anspruch auf Vollständigkeit – aufgezeigt werden.

Das Recht auf Selbstverwaltung ist für die Gemeinden Nordrhein-Westfalens durch das Grundgesetz garantiert. Art. 28 Abs. 2 GG bestimmt, dass den Gemeinden das Recht gewährleistet sein muss, alle Angelegenheiten der örtlichen Gemeinschaft im Rahmen der Gesetze in eigener Verantwortung zu regeln. Auch die Gemeindeverbände haben im Rahmen ihres gesetzlichen Aufgabenbereiches nach Maßgabe der Gesetze das Recht der Selbstverwaltung. Die Gewährleistung der Selbstverwaltung umfasst auch die Grundlagen der finanziellen Eigenverantwortung; zu diesen Grundlagen gehört eine den Gemeinden mit Hebesatzrecht zustehende wirtschaftskraftbezogene Steuerquelle. Ferner gibt Art. 93 Abs. 1 Nr. 4b GG den Gemeinden und Gemeindeverbänden das Recht zu Verfassungsbeschwerden an das Bundesverfassungsgericht bei Verletzung des Rechts auf Selbstverwaltung nach Art. 28 GG durch ein

1975 der Bundesregierung, Bonn o. J (1976), S. 26.

103 Schlussbericht der Enquête-Kommission „Verfassungsreform", BT-Drs. VII/5924, S. 220 f.

Bundesgesetz, bei Landesgesetzen, soweit nicht Beschwerde beim Landesverfassungsgericht erhoben werden kann. Für Nordrhein-Westfalen regelt die Landesverfassung das Selbstverwaltungsrecht der Gemeinden. Nach Art. 78 Abs. 1 VerfNW sind die Gemeinden und Gemeindeverbände Gebietskörperschaften mit dem Recht der Selbstverwaltung durch ihre gewählten Organe. Allerdings ist das Ausmaß der Selbstverwaltung durch den im Grundgesetz[104] verankerten Gesetzesvorbehalt „im Rahmen der Gesetze" beschränkt. Anders als bei Art. 127 WRV[105], der vor allem wegen des verbal unbeschränkten Gesetzesvorbehalts als materiell inhaltslos und deshalb praktisch bedeutungslos galt[106], ist allein durch die Begriffe „Angelegenheiten der örtlichen Gemeinschaft" und „in eigener Verantwortung" ein unantastbares Minimum der institutionellen Garantie der kommunalen Selbstverwaltung gesichert.[107] Daraus ergibt sich, dass der Wesensgehalt der kommunalen Selbstverwaltung in der Bundesrepublik Deutschland, der vom Bundesverfassungsgericht als „Aktivierung der Beteiligten für ihre eigenen Angelegenheiten"[108] bezeichnet wird, nicht durch den Landesgesetzgeber angetastet werden darf.[109]

Dieser Wesensgehalt an Selbstverwaltung umfasst sowohl die Art und Weise der Aufgabenerledigung in der Gemeinde als auch ihre grundsätzliche Zuständigkeit für die Angelegenheiten der örtlichen Gemeinschaft.[110] Nach einem Beschluss des Bundesverfassungsgerichts gehören zu den Angelegenheiten der örtlichen Gemeinschaft „diejenigen Bedürfnisse und Interessen, die in der örtlichen Gemeinschaft wurzeln oder auf sie einen spezifischen Bezug haben, die also den Gemeindeeinwohnern gerade als solchen gemeinsam sind, indem sie das Zusammenleben und -wohnen der Menschen in der Gemeinde betreffen; auf die Verwaltungskraft der Gemeinde kommt es hierfür nicht

---

104 Art. 28 Abs. 2 Satz 1 GG.

105 „Gemeinden und Gemeindeverbände haben das Recht der Selbstverwaltung innerhalb der Schranken der Gesetze."

106 Vgl. Anschütz, Gerhard: Die Verfassung des Deutschen Reichs vom 11. August 1919, Kommentar, unveränderter fotomechanischer Nachdruck der 14. Aufl., Berlin 1933, Bad Homburg vor der Höhe 1960, Erl. zu Art. 127 WRV.

107 Vgl. Roters, Wolfgang, in: von Münch (Hrsg.), Grundgesetz-Kommentar, Bd. 2 (Artikel 21 bis Artikel 69), München 1976, Art. 28, Rn. 31. Vgl. jetzt Löwer, Wolfgang, in: von Münch (Begr.) / Kunig, Philip (Hrsg.), Grundgesetz, Kommentar, Bd. 1 (Präambel bis Art. 69), 6. Aufl., München 2012, Art. 28, Rn. 45.

108 BVerfGE 11, 266 (275). Vgl. auch BVerfGE 79, 127 (149); 107, 1 (12).

109 Vgl. Hesse / Ellwein, Das Regierungssystem der Bundesrepublik Deutschland, a. a. O. (Fn. 27), S. 198 ff.; Pieroth, Grundgesetz Kommentar, a. a. O. (Fn. 23), Art. 28, Rn. 12.

110 Vgl. dazu Schmidt-Eichstaedt, Gerd: Die Kommunen zwischen Autonomie und (Über-) Regelung durch Bundes- und Landesrecht sowie durch EG-Normen; in: Roth / Wollmann (Hrsg.), Kommunalpolitik, Bonn 1993, S. 103 f. m. w. N.

an."[111] Nach diesen Grundsätzen kommt den Gemeinden also eine Zuständigkeits- und Freiheitsvermutung zu. Unter der Zuständigkeitsvermutung ist zu verstehen, dass grundsätzlich – ohne ausdrückliche Bestimmung – die Gemeinden für die Regelungen der örtlichen Angelegenheiten zuständig sind, wenn nicht gesetzliche Vorschriften bestehen, die nur aus Gründen des Gemeininteresses aufgestellt werden dürfen. Freiheitsvermutung bedeutet, dass jede Gemeinde in eigener Regelungsverantwortung über das Ob und die Art und Weise der Aufgabenerfüllung bestimmt, sofern und soweit keine staatlichen Vorschriften darüber bestehen.[112]

Aus der Freiheitsvermutung ergibt sich, dass der Begriff Selbstverwaltung vor allem Unabhängigkeit beinhaltet. Das Recht zur Selbstverwaltung schließt deshalb notwendig die Ermöglichung der Selbstverwaltung ein, die nur durch eine entsprechende Ausstattung mit Steuermitteln gewährleistet werden kann. Gerade hier fehlt den Gemeinden aber immer noch[113] das Mitspracherecht.

Das föderalistische System der Bundesrepublik bringt es mit sich, dass Bund, Land und auch die Europäische Union das Maß der kommunalen Selbstverwaltung immer mehr beschränken. Denn nur der Bund und die 16 Bundesländer haben originale Herrschaftsgewalt, besitzen Staatsqualität und können Entscheidungen treffen, die nicht der Zustimmung einer höheren Instanz bedürfen. Auch wenn die Gemeinden zwar faktisch eine eigene Ebene im bundesstaatlichen Staatsaufbau darstellen, gehören sie staatsrechtlich jedoch zur Ebene der Länder. Das ergibt sich schon aus der Staatsaufsicht und den Genehmigungsvorbehalten des Staates gegenüber Gemeindebeschlüssen. Genehmigungspflichtig sind etwa die Haushalte und die Kreditaufnahmen.

Die Gemeinden sind an die Gesetze gebunden, die Bund und Land verabschieden. Diese gesetzlichen Vorgaben, die immer das Ergebnis staatlicher Politik darstellen, können das kommunale Selbstverwaltungsrecht der Gemeinden beschränken.

Die Gemeinden haben bei Verabschiedung der Gesetze durch Bund und Land keine rechtliche Mitsprachemöglichkeit. Sie fehlt sogar auch dann, wenn die zu normierenden Regelungen in den Aufgabenbereich der Gemeinden eingreifen. Dies gilt sowohl für die Steuereinnahmen, deren Verteilung auf die

111 BVerfGE 79, S. 127 (128 f.).

112 Vgl. Schmidt-Eichstaedt, Die Kommunen zwischen Autonomie und (Über-)Regelung, a. a. O. (Fn. 110), S. 104.

113 Der Deutsche Städtetag hat der Verfassungskommission des Bundes eine Ergänzung des Art. 28 GG vorgeschlagen, die den Gemeinden und -verbänden eine automatische Zuweisung von Finanzmitteln bei gesetzlich übertragenen Aufgaben garantieren soll. Außerdem sollen die Kommunen an sie betreffenden Gesetzesvorbereitungen künftig beteiligt werden. Vgl. Schultheis, Jürgen: Kommunale Selbstverwaltung in Gefahr?, Frankfurter Rundschau vom 5. Januar 1993.

Gemeinden und Gemeindeverbände nach Art. 106 Abs. 5-9 GG geregelt ist, wie auch bei Regelungen – etwa bei der bundesgesetzlichen Garantie für einen Kindergartenplatz –, die den Gemeinden hohe Kosten bringen. Auch die Europäische Union greift mit ihrer Rechtsetzung, an welche die Kommunen über Art. 23 GG ebenfalls gebunden sind, in den Aufgabenbereich der Gemeinden – zum Beispiel mit der Regelung, dass ab einer bestimmten Größenordnung die Gemeinden Bauaufträge europaweit ausschreiben müssen[114] – ein. Hier wird den Gemeinden jedoch durch den „Ausschuss der Regionen" (AdR), der in Art. 305-307 AEUV geregelt ist, eine bescheidene Mitsprachemöglichkeit gegeben.[115]

Mit der kommunalen Neugliederung sollten die Gemeinden und Gemeindeverbände an die erhöhten Anforderungen, die ihre Verwaltungen künftig zu erfüllen hatten, angepasst werden und „der Vereinfachung, Rationalisierung und Stärkung der Selbstverwaltung"[116] dienen. Jede Gemeinde sollte möglichst alle ihr obliegenden Aufgaben aus eigener Kraft wahrnehmen können. Ziel war es, die Lebensverhältnisse in den Gemeinden und ihre Verwaltungskraft anzugleichen und die Leistungskraft zu stärken.

3.9 Die Regelung gesellschaftlicher Veränderungen der Politik in Bund und Ländern zu Ungunsten der Kommunen

Ihrem hohen Anspruch wurde allerdings die Politik in Bund und Ländern schon dadurch nicht gerecht, weil sie es zu Ungunsten der Kommunen versäumte, auf gesellschaftliche Veränderungen mit geeigneten Maßnahmen zu reagieren. Als Beispiel soll hier nur die Wohnungspolitik stehen: Infolge gesellschaftlicher Veränderungen stieg die Wohnungsnachfrage überproportional an. Ausgangspunkt dafür ist zum Beispiel die durchschnittlich erhebliche Zunahme des Familieneinkommens, das durch eine berufliche Tätigkeit nunmehr beider Ehepartner erreicht wird. Die Folge daraus sind einerseits kleinere

114 Diese Richtlinie 71/305/EWG aus dem Jahr 1971 wurde immer wieder verändert. Ihre Umsetzung in nationales Recht erfolgte in der Vergabe- und Vertragsordnung für Bauleistungen (VOB) Teile A und B. Vgl. genauer dazu Schmidt-Eichstaedt, Die Kommunen zwischen Autonomie und (Über-)Regelung, a. a. O. (Fn. 110), S. 97 f.

115 Vgl. im Einzelnen dazu Borchmann, Michael: Mein Standpunkt zum Thema: Das deutsche Prinzip des Föderalismus im Spannungsverhältnis zu gesamteuropäischen Zielsetzungen; in: Möllers, Martin H. W. (Hrsg.), Stand und Zukunftsperspektiven der öffentlichen Verwaltung im wiedervereinigten Deutschland, Brühl 1995, S. 272 ff.; die Beteiligung ist in Art. 307 Abs. 3 und 4 AEUV geregelt: vgl. Epping, Volker; in: Vedder, Christoph / Heintschel von Heinegg, Wolff (Hrsg.), Europäisches Unionsrecht. EUV | AEUV | GRCh | EAGV, Handkommentar, 2. Aufl., Baden-Baden 2018, Art. 307 AEUV, Rn. 4.

116 Hoppe / Rengeling, Rechtsschutz bei der kommunalen Gebietsreform, a. a. O. (Fn. 36), S. 3 f.

Haushalte, da zugunsten der besseren wirtschaftlichen Lage auf Kinder verzichtet wird, und anderseits ein höherer Wohnflächenbedarf wegen gestiegener Ansprüche. Diese bedingen auch die erhebliche Zunahme von Ein-Personen-Haushalten. Dieser überproportional gestiegenen Wohnungsnachfrage konnte und kann aber ein nicht ausreichendes Angebot auf dem Wohnungsmarkt gegenüberstehen, weil es am freifinanzierten Miet- und am sozialen Wohnungsbau, der auf Subventionen angewiesen ist, fehlt. Ursache dafür ist „ein Versagen von Stadtplanung und Wohnungspolitik in den zurückliegenden zwanzig Jahren".[117]

Das Städtebauförderungsgesetz von 1971 und die Novellierung des Bundesbaugesetzes von 1977 boten nämlich kein tatsächlich wirksames Instrumentarium zur Korrektur bzw. Anpassung an diese gesellschaftlichen Veränderungen[118], sondern dienten lediglich der Verlagerung des wohnungsbaupolitischen Konfliktpotentials auf die Kommunen, die nun auf örtlicher Ebene genötigt sind, Gegenmaßnahmen durch eine Förderung des Wohnungsbaus zu ergreifen, und damit Mittel für andere kommunalpolitische Vorhaben binden.

Immer wieder wird versucht, durch Änderung gesetzlicher Bestimmungen in das Selbstverwaltungsrecht der Gemeinden einzugreifen. Zum Beispiel wurde 1991 die Gemeindeordnung Nordrhein-Westfalens in einem Punkt wesentlich verändert: In § 62 Abs. 3 GemO NW wurde die Bestimmung, dass ein Haushaltsplan ausgeglichen aufgestellt werden *soll*, durch die zwingende Vorschrift ersetzt, dass der Haushalt ausgeglichen sein *muss*. Gleichzeitig wurde ergänzt, dass bei einem nicht nachgewiesenen Haushaltsausgleich der Rat zusammen mit dem Aufstellungsbeschluss zur Haushaltssatzung ein Haushaltssicherungskonzept beschließen muss, das der aufsichtsbehördlichen Genehmigung bedarf. Dies hätte wiederum zur Folge, dass jede Änderung im Laufe des Jahres, also jede Abweichung von diesem Konzept, aufsichtsbehördlich genehmigt werden müsste, sodass das Selbstverwaltungsrecht der Gemeinden eingeschränkt wäre. Die aktuell geltende Neufassung der Gemeindeordnung erfolgte 1994.[119] Der Haushalt muss nach § 75 Abs. 2 GemO in jedem Jahr in Planung und Rechnung ausgeglichen sein. Er ist ausgeglichen, wenn der Gesamtbetrag der Erträge die Höhe des Gesamtbetrages der Aufwendungen erreicht oder übersteigt. Die Verpflichtung des Satzes 1 gilt als erfüllt, wenn der Fehlbedarf

117 Rehm, Hannes: Zur Zukunft der Kommunalfinanzen; in: Blanke / Benzler (Hrsg.), Staat und Stadt, Opladen 1991, S. 129.

118 Vgl. Rodenstein, Marianne: Konflikte zwischen Bund und Kommunen; in: Grauhahn (Hrsg.), Lokale Politikforschung, Bd. 2, Frankfurt a. M. 1975, S. 315.

119 Aufgrund des Artikels VIII des Gesetzes zur Änderung der Kommunalverfassung vom 17. Mai 1994 (GV.NW. 1994, S. 270) trat die Neufassung der GemO am 14. Oktober 1994 in Kraft. Sie ist danach mehrfach geändert worden, zuletzt durch Artikel 5 des Gesetzes vom 11. April 2019 (GV.NRW, 2019, S. 202), in Kraft getreten am 24. April 2019.

im Ergebnisplan und der Fehlbetrag in der Ergebnisrechnung durch Inanspruchnahme der Ausgleichsrücklage gedeckt werden können.

Eine weitere Beschränkung des Selbstverwaltungsrechts bei Stadtentwicklungsprozessen ergibt sich für die Gemeinden vor allem auch durch die Vorgaben der Landesentwicklungsplanung Nordrhein-Westfalens.

Die Landesentwicklungsplanung Nordrhein-Westfalens bezog von Anfang an Prognosen zur Bevölkerungsentwicklung in ihre Planung mit ein. Die Gemeinden wurden und werden dabei in eine Systematik der zentralörtlichen Gliederung kategorisiert, verbunden mit landesplanerischen Vorgaben für die Bevölkerungsentwicklung. Im Landesentwicklungsbericht 1976 wurde dargelegt, dass angesichts der veränderten Entwicklungsbedingungen mit dem Ziel einer geordneten und schwerpunktorientierten Entwicklung sparsamer als bisher mit der Ausweisung von Bauflächen umgegangen werden müsse, wofür Voraussetzung eine baldmögliche, in sich konsistente Regionalisierung der Richtwerte zur Bevölkerungsentwicklung bis hin auf die Ebene der gemeindlichen Bauleitplanung sei.[120] Als Folgen daraus ist für die Gemeinden zu befürchten, dass durch die einmal getroffene Kategorisierung ihrer Gemeinde in der Systematik der zentralörtlichen Gliederung der Landesplanung, die sich auf die Einwohnerzahl im Versorgungsgebiet, die Infrastrukturausstattung und die Stellung im Arbeitsmarkt abstützt, eine weitere Entwicklung gehemmt werden könnte. Denn bis zur Revision der Landesentwicklungsplanung besteht die Gefahr einer schematischen Anwendung der Planinhalte auf die gemeindliche Bauleitplanung und die Förderung der Infrastrukturausstattung, was einen ungerechtfertigten Eingriff in die kommunale Selbstverwaltung bedeuten würde.[121]

Auch der Gebietsentwicklungsplanentwurf von 1983 konnte insbesondere für Gemeinden mit großen Flächen als Hemmnis für eine weitere strukturelle Entwicklung angesehen werden. Er sah vor, dass „Siedlungsschwerpunkte im Sinne des § 6 Landesentwicklungsprogramm [...] von den Gemeinden nur innerhalb geeigneter Wohnsiedlungsbereiche dargestellt werden [können]“.[122]

120 Der Ministerpräsident des Landes Nordrhein-Westfalen (Hrsg.): Landesentwicklungsbericht Nordrhein-Westfalen, Düsseldorf 1976, S. 33.

121 Vgl. dazu z. B. die Stellungnahme der Stadt Erftstadt zum Entwurf des Landesentwicklungsplans I – II „Raum- und Siedlungsstruktur“, S. 1 als Anlage zu Vorlage 5337 der 30. Sitzung vom 22. Februar 1978: Protokolle des Rats der Stadt Erftstadt aus der 29.-35. Sitzung der 2. Wahlperiode, 14. Dezember 1977 bis 12. September 1978. Erftstadt befürchtete nämlich, keine Fördermittel mehr zu bekommen, weil die Stadt bereits die landesplanerischen Infrastruktureinrichtungen für Gemeinden dieser Größenordnung besaß und deshalb in die nächst höhere Kategorie der zentralörtlichen Gliederung eingruppiert werden wollte.

122 Regierungspräsident Köln (Hrsg.): Gebietsentwicklungsplan. Teilabschnitt Kreisfreie Stadt Bonn, Rhein-Sieg-Kreis. Entwurf, Stand März 1983, Köln 1983, Ziff. 2.12. Wie weit die Einschränkungsversuche der gemeindlichen Selbstverwaltung geht, ergibt sich z. B. aus der Entscheidung des Verfassungsgerichtshofs für das Land Nordrhein-Westfalen wegen der

Damit wurde nämlich die Auslegung des § 6 LEPro festgeschrieben, die eine Bestimmung zweier benachbarter Wohnsiedlungsbereiche zu einem Siedlungsschwerpunkt unmöglich macht. Als Folge der kommunalen Neugliederung waren aber gerade im suburbanen Raum Gebietskörperschaften entstanden, für die aufgrund landschaftlicher Gegebenheiten oder aufgrund vorgegebener Aufgabenteilung eine solche Zusammenfassung von Wohnsiedlungsbereichen sachgerecht wäre, etwa um das Zusammenwachsen der Stadt zu fördern.[123]

Eine Beschränkung des Selbstverwaltungsrechts in Bezug auf Stadtentwicklungsprozesse könnten die Landesentwicklungspläne auch dadurch beinhalten, dass sie für einen Teil der Gemeinden eine weitere Entwicklung regelmäßig ausschließen und Ausnahmen von diesem Entwicklungsverbot vom Nachweis eines „unabweisbar notwendigen Bedarfs“[124] abhängig machen. Dadurch wird den Gemeinden ein Beweisnotstand verordnet, sodass Stadtentwicklungsplanungen „vom wohlwollenden Ermessensgebrauch der Bezirksplanungsbehörden abhängig sein“ könnten.[125]

Zusammenfassend lässt sich sagen, dass das Selbstverwaltungsrecht der Gemeinden durch die Zunahme bundes- und landespolitischer Regelungen zur Steuerung von Gemeindeentwicklungsprozessen in seinem Kern immer mehr betroffen ist und sich die politisch-administrative Steuerung von Stadtentwicklung von der örtlichen auf die überörtliche Ebene zunehmend verlagert hat. So gibt es für nahezu alle Tätigkeitsbereiche der Gemeinden mindestens rahmensetzende Vorschriften, überwiegend aber konkrete Handlungsanweisungen. Die wenigen tatsächlich noch ganz freien Selbstverwaltungsbereiche erschöpfen sich vorwiegend in der Satzungsautonomie und in Ermessensspielräumen. Be-

---

Behauptung der Stadt Ochtrup, § 24a Abs. 1 Satz 4 des Gesetzes zur Landesentwicklung (Landesentwicklungsprogramm – LEPro), eingefügt durch Gesetz zur Änderung des Gesetzes zur Landesentwicklung (Landesentwicklungsprogramm – LEPro) vom 19. Juni 2007 (GV.NW. 2007, S. 225), verletze die Vorschriften der Landesverfassung über das Recht der gemeindlichen Selbstverwaltung; § 24a LEPro wurde durch Urteil des Verfassungsgerichtshofs vom 26. August 2009 – VerfGH 18/08 – wegen Verstoßes gegen das Selbstverwaltungsrecht aus Art. 78 Abs. 1 und 2 der Landesverfassung für nichtig erklärt.

123 Inzwischen ist das Gesetz zur Landesentwicklung (Landesentwicklungsprogramm – LEPro) durch das Gesetz zur Neufassung des Landesplanungsgesetzes NRW vom 3. Mai 2005 (GV.NW, 2005, S. 430) ersetzt worden. Es trat am 7. Mai 2005 in Kraft und wurde mehrfach geändert, zuletzt durch Artikel 2 des Gesetzes vom 29. Januar 2013 (GV.NRW, 2013, S. 33). Neugefasst wurde es durch das Gesetz zur Änderung des Gesetzes zur Neufassung des Landesplanungsgesetzes NRW vom 24. Mai 2016 (GV.NRW, 2016, S. 259).

124 So z. B. Landesentwicklungsplan IV: „Gebiete mit Planungsbeschränkung zum Schutz der Bevölkerung vor Fluglärm“.

125 Vgl. z. B. die Stellungnahme Erftstadts zum LEP IV, S. 1 als Anlage zu Vorlage 6178 der 40. Sitzung vom 7. März 1979: Protokolle des Rats der Stadt Erftstadt aus der 36.-40. Sitzung der 2. Wahlperiode, 9. November 1978 bis 7. März 1979.

reits vor mehr als vierzig Jahren stellte die Enquête-Kommission „Verfassungsreform“ in ihrem Schlussbericht 1977 fest:

> „Der in der Verfassungswirklichkeit sichtbare Bedeutungswandel in den Beziehungen zwischen Staatsverwaltung und Kommunalverwaltung, der auf eine stärkere Verzahnung der örtlichen Verwaltung mit überregionalen Entscheidungsträgern drängt, sowie die stärkere Steuerung der kommunalen Selbstverwaltung durch zentrale Entwicklungs- und Fachplanungen, die Zunahme finanzieller Abhängigkeiten vom Staat bei steigendem kommunalen Investitionsbedürfnis für Infrastrukturaufgaben sind offenkundig“.[126]

Trotz aller Versuche, die Selbstverwaltung der Gemeinden zu beschränken, verbleiben den Städten aber schon deshalb Freiräume, „weil eine vollständige Lenkung der Kommunen rein verwaltungsorganisatorisch nicht möglich ist“.127 Der Grad dieser Freiräume ist unmittelbar von der finanziellen Ausstattung der Gemeinden abhängig.

3.10 Die Entwicklung der finanziellen Situation der Gemeinden seit den 1970er Jahren am Beispiel Nordrhein-Westfalens

Die finanzielle Situation ist in den einzelnen Gemeinden Nordrhein-Westfalens unterschiedlich ausgeprägt und von vielen Faktoren abhängig. Deshalb kann im Folgenden nur eine Skizzierung der für alle Kommunen relevanten Probleme dargestellt werden. Sie soll aber zeigen, dass Selbstverwaltung und Finanzausstattung in Interdependenz stehen, und – bei aller Beschränkung auf wesentliche Probleme – die Komplexität der finanziellen Handlungsspielräume der Gemeinden aufzeigen.

Zur Wahrnehmung ihrer Aufgaben finanzieren sich die Gemeinden im Wesentlichen aus vier Einnahmequellen: Steuern, Finanzzuweisungen, Gebühren und Beiträge. Nach Art. 106 Abs. 6 GG stehen den Gemeinden die Realsteuern zu. Dazu gehören das Aufkommen der Grundsteuer und Gewerbesteuer sowie das Aufkommen der örtlichen Verbrauch- und Aufwandsteuern, zu denen z. B. die Hundesteuer zählt. Verbrauch- und Aufwandsteuern können nach Maßgabe der Landesgesetzgebung auch den Gemeindeverbänden zufallen. Den Gemeinden ist außerdem das Recht einzuräumen, die Hebesätze der Grundsteuer zu bestimmen, bei deren Berechnung von einem Steuermessbetrag auszugehen ist, der durch Anwendung eines Tausendsatzes (Steuermesszahl) auf den Ein-

126 Schlussbericht der Enquête-Kommission „Verfassungsreform“, BT-Drs. 5924, S. 171.

127 Schmidt-Eichstaedt, Die Kommunen zwischen Autonomie und (Über-)Regelung, a. a. O. (Fn. 110), S. 106.

heitswert oder seinen steuerpflichtigen Teil nach dem Bewertungsgesetz[128] zu ermitteln ist[129]. Ferner dürfen sie die Hebesätze der Gewerbesteuer, die auf Grundlage des Gewerbeertrags und des Gewerbekapitals bemessen wird, im Rahmen der Gesetze festsetzen.

Weiterhin erhalten die Gemeinden nach Art. 106 Abs. 5 GG einen Anteil[130] an der Lohn- und Einkommensteuer sowie einen kleineren Anteil am Aufkommen an Kapitalertragsteuer[131], die sich an den Steuerleistungen der Einwohner bemisst, wobei aber die Einkommensteuerleistungen teilweise begrenzt in die Berechnungen einfließen, nämlich nur bis zu bestimmten, in § 3 Gesetz zur Neuordnung der Gemeindefinanzen (Gemeindefinanzreformgesetz – GemFinRefG)[132] festgelegten Höchstgrenzen. Außerdem erhalten die Gemeinden nach Art. 105a GG seit dem 1. Januar 1998 einen Anteil an dem Aufkommen der Umsatzsteuer, der von den Ländern auf der Grundlage eines orts- und wirtschaftsbezogenen Schlüssels an ihre Gemeinden weitergeleitet wird.

Das gesamte Steueraufkommen der Bundesrepublik Deutschland und seine Verteilung an Bund, Länder und Gemeinden sind einheitlich in Bundesgesetzen geregelt. Danach haben die Gemeinden das Recht, bei den Realsteuern die Steuerhöhe festlegen zu können. Dieses Recht unterliegt in der Praxis aber dem Standortkonkurrenzdruck der Nachbargemeinden und der Rücksichtnahme auf die Belastbarkeit der gemeindlichen Steuerzahler.[133] Daneben haben die Kommunen auch ein eingeschränktes Steuerfindungsrecht für Verbrauch- und Aufwandsteuern zum Beispiel in Form der Zweitwohnungssteuer[134] oder die jüngst eingeführte Erhebung einer „Bettensteuer“ in Form einer umstrittenen Übernachtungsabgabe für Hotels und andere Beherbergungsbetriebe.[135]

128 Bewertungsgesetz in der Fassung der Bekanntmachung vom 1. Februar 1991 (BGBl. I 1991, S. 230), das zuletzt durch Artikel 25 des Gesetzes vom 12. Dezember 2019 (BGBl. I 2019, S. 2451) geändert worden ist.

129 § 13 Grundsteuergesetz vom 7. August 1973 (BGBl. I 1973, S. 965), das zuletzt durch Artikel 1 des Gesetzes vom 30. November 2019 (BGBl. I 2019, S. 1875) geändert worden ist.

130 Zunächst 14 %, seit 1980 15 %.

131 12 % nach § 1 GemFinRefG.

132 Vom 8. September 1969, in der Fassung der Bekanntmachung vom 10. März 2009 (BGBl. I 2009, S. 502), zuletzt durch Artikel 5 des Gesetzes vom 9. Dezember 2019 (BGBl. I 2019, S. 2051) geändert.

133 Vgl. Karrenberg, Hanns / Münstermann, Engelbert: Kommunale Finanzen; in: Roth / Wollmann (Hrsg.), Kommunalpolitik. Politisches Handeln in den Gemeinden (Schriftenreihe der BpB, Bd. 320), Bonn 1993, S. 196.

134 Vgl. Wehling, Kommunalpolitik in Geschichte und Gegenwart, a. a. O. (Fn. 26), S. 11.

135 Die Bettensteuer wurde entgegen zweier Gutachten, die unabhängig voneinander die Verfassungswidrigkeit der Satzung feststellten, zum 1. Oktober 2011 in Köln mit Unterstützung der Landesregierung, welche die notwendige Genehmigung erteilte, eingeführt. Inzwischen erheben auch viele andere Kommunen bundesweit diese Steuer. Das Oberverwaltungsgericht (OVG) Schleswig hatte den Eilantrag eines Hoteliers gegen die Steuererhebung abgelehnt;

Nach den Steuereinnahmen sind für die Gemeinden die Finanzzuweisungen vom Land, über das auch die Zuweisungen des Bundes abgewickelt werden, die zweitwichtigste Einnahmequelle. In jährlichen Finanzausgleichsgesetzen erfolgen die Finanzzuweisungen in erster Linie im Rahmen des kommunalen Finanzausgleichs, der darauf abzielt, insgesamt die finanziellen Mittel der Gemeinden aufzustocken, unterschiedliche finanzielle Ausstattungen von Kommunen vergleichbarer Gemeindegruppen möglichst zu beseitigen und einen Ausgleich bestehender Sonderlasten zum Beispiel für zentrale Orte herbeizuführen. Der größte Teil der Finanzausgleichsmasse stammt aus den verschiedenen Steuerverbünden, das restliche Drittel stammt aus Deckungsmitteln des Landes.[136] Die meisten Mittel des Finanzausgleichs erfolgen als allgemeine Zuweisungen, über deren Verwendung die Gemeinden in eigener Verantwortung verfügen können. Sie werden überwiegend als so genannte Schlüsselzuweisungen ausgeschüttet. Diese richten sich nach der Einwohnerzahl der Gemeinden, wobei die Beträge der Schlüsselzuweisungen mit dem linearen Anwachsen der Einwohnerzahl progressiv ansteigen.[137] Dies wird damit begründet, dass mit steigender Einwohnerzahl Verdichtungskosten entstehen.[138] Zu den allgemeinen Zuweisungen gehören auch die Bedarfszuweisungen und Investitionspauschalen, die das Land Nordrhein-Westfalen gewährt. Darüber hinaus werden den Gemeinden auf Antrag beim Land spezielle Finanzzuweisungen vom Bund und vom Land, inzwischen auch von der Europäischen Union, für bestimmte Vorhaben aus allen infrastrukturellen Bereichen, wie zum Beispiel Sportanlagen, Schul- und Straßenbau oder die Altstadtsanierung zugebilligt. Diese Projekte werden aber nicht voll finanziert, sondern die Gemeinden müssen eigene Gelder zuschießen. Im Gegensatz zu den allgemeinen für die Gemeinden frei verfügbaren Finanzzuweisungen sind die Zweckzuweisungen an bestimmte Projekte gebunden und dienen dem Land als Steuerungsinstrument kommunalpolitischer Stadtentwicklungsprozesse. Diese landespolitische Einflussnahme auf gemeindliches Handeln wird „mit der Notwendig-

in: Dordowsky, Kai: Bettensteuer: Lübecker Hotelier verliert vor Gericht, Lokalnachrichten vom 21. Februar 2012, https://www.ln-online.de/lokales/luebeck/3373010/ (letzter Abruf: 29.1.2016).

136 Einzelheiten bei Karrenberg, Hanns / Münstermann, Engelbert: Kommunale Finanzen; in: Roth / Wollmann (Hrsg.), Kommunalpolitik. Politisches Handeln in den Gemeinden (Schriftenreihe der BpB, Bd. 320), Bonn 1993, S. 198 ff. mit Abbildung auf S. 199. Vgl. auch Brandt, Imke: Entwicklung eines Frühwarnsystems zur Analyse kommunaler Finanzen (Wismarer Schriften zu Management und Recht, Bd. 10), Bremen / Oxford 2007.

137 Vgl. Karrenberg / Münstermann, Kommunale Finanzen, a. a. O. (Fn. 136), S. 200.

138 Nach dem Brecht'schen „Gesetz von der parallelen Progression zwischen Aufgaben und Bevölkerungsmassierung“ von 1932: s. dazu Wehling, Kommunalpolitik in Geschichte und Gegenwart, a. a. O. (Fn. 26), S. 14.

keit, örtliche und überörtliche (landespolitische) Planungen zu koordinieren“[139], begründet.

Gebühren und Beiträge sind Entgelte für tatsächliche (Gebühren) oder mögliche (Beiträge) konkrete Gegenleistungen der Gemeinde an den Zahlenden, für deren Erhebungen zum Beispiel die Kommunalabgabengesetze der Länder und vor allem die Gebühren- und Beitragssatzungen der Gemeinden die Rechtsgrundlagen bilden. Überschüsse dürfen von den Gemeinden nicht erwirtschaftet werden, sodass Gebühren oder Beiträge nicht als politisches Instrument eingesetzt (z. B. hohe Müllabfuhrkosten zur Müllvermeidung) oder etwaige Steuerausfälle durch höhere Leistungsentgelte kompensiert werden können.[140]

Neben diesen vier Einnahmequellen haben die Gemeinden das Recht zu Kreditaufnahmen nur für Investitionen und Investitionsfördermaßnahmen, wobei Kredite aber nicht für einzelne Investitionsmaßnahmen aufgenommen werden, sondern als Teil der Gesamtdeckung der Ausgaben des Haushalts gelten. Laufende Ausgaben des Verwaltungshaushalts dürfen nach dem kommunalen Haushaltsrecht nicht durch Kredite finanziert werden.[141] Der Kreditrahmen und die Kreditaufnahme ist aber an die laufenden Einnahmen der Kommunen und an gesetzliche Vorgaben für Höchstzinssätze bei den Konditionen[142] gekoppelt, sodass Gemeinden mit niedriger Steuerkraft auch nur eine geringe Verschuldensmöglichkeit besitzen oder sogar Kredite gar nicht erst aufgenommen werden können, weil zu den gesetzlich festgeschrieben Höchstzins-Konditionen die Kreditinstitute keine Kredite vergeben. Die Gemeinden können deshalb konjunkturelle Einbrüche, die ihre Einnahmen verschlechtern, nicht mit Krediten überbrücken, sondern nur durch Ausgabenkürzungen und durch Erhöhungen der Gebühren – soweit die Kostendeckungshöhe noch nicht erreicht ist[143] – und der Realsteuerhebesätze auffangen.

Zusammengefasst lässt sich sagen, dass Einnahmen aus den Realsteuern und den allgemeinen Finanzzuweisungen in eigener Verantwortung der Gemeinden stehen und deshalb vor allem den finanziellen Handlungsspielraum für die Kommunalpolitik bilden. Berücksichtigt man nur die Einnahmeseite der Gemeinden, lässt sich daraus die Prognose ableiten, dass die Gemeinden

139 Karrenberg / Münstermann, Kommunale Finanzen, a. a. O. (Fn. 136), ebd.

140 Vgl. im Einzelnen dazu Karrenberg / Münstermann, Kommunale Finanzen, a. a. O. (Fn. 136), S. 201 f.

141 Vgl. dazu Karrenberg / Münstermann, Kommunale Finanzen, a. a. O. (Fn. 136), S. 202.

142 § 19 StabG: Schuldendeckelverordnung.

143 1990 waren bei den Bädern, Kindergärten, Musik- und Volkshochschulen, Theatern, Museen und Büchereien die Kostendeckungsgrade städtischer Gebührenhaushalte nicht einmal zu einem Drittel erreicht: s. dazu bei Karrenberg / Münstermann, Kommunale Finanzen, a. a. O. (Fn. 136), S. 202 die Abb. 3: Kostendeckungsgrade städtischer Gebührenhaushalte 1990 aus dem Gemeindefinanzbericht 1992 des Deutschen Städtetags.

grundsätzlich zwei Ziele verfolgen: erstens eine gewerbefreundliche Politik und zweitens ein stetiges Anwachsen der Bevölkerungszahl zu verfolgen. Mit erstem Ziel könnten die Gewerbesteuereinnahmen mit zweitem die Einnahmen der Anteile an der Einkommensteuer sowie die Schlüsselzuweisungen und mit beiden Zielen die Grundsteuereinnahmen erhöht werden.

In der Praxis stellen sich die allgemeinen finanziellen Handlungsspielräume jedoch erheblich komplexer dar. Sie stehen im Zusammenhang mit der Ausgabenstruktur der Gemeindehaushalte und sind verzahnt mit den kommunalen Aufgabenfeldern, die den Schwerpunkt gemeindlicher Politik bilden.

3.10.1 Ausgabenstruktur und finanzpolitische Problemfelder der kommunalen Aufgaben

Stadt[144]	2004 in Mio. €	2010 in Mio. €	Zuwachs in %
Bielefeld	5,8	16,8	189,6
Bochum	7,2	19,4	169,4
Dresden	2,8	10,6	278,6
Düsseldorf	20,8	49,8	139,4
Frankfurt am Main	27,5	89,7	226,2
Freiburg im Breisgau	5,5	15,6	183,6
Greifswald	1,0	2,1	110,0
Heidelberg	3,2	7,9	146,8
Jena	0,9	2,8	211,1
Leipzig	4,5	13,3	195,5
Magdeburg	2,9	6,1	110,3
Memmingen	0,3	0,9	200,0
Mönchengladbach	7,0	17,0	142,8
Mülheim an der Ruhr	3,6	9,4	161,1
Regensburg	2,5	6,4	156,0
Saarbrücken	6,1	12,8	109,8
Stuttgart	11,8	36,5	209,3
Wuppertal	8,6	20,5	138,4
Beispiele für Städte[145], deren Ausgaben sich seit 2004 mehr als verdoppelt oder sogar verdreifacht haben			

Abb. 14: Kosten Grundsicherung im Alter und bei Erwerbsminderung[146]

144 Grundsicherung im Alter und bei Erwerbsminderung nach dem 4. Kapitel SGB XII (§§ 41-46a), nach Abzug der Bundesbeteiligung.

145 Die Oberbürgermeisterinnen und -bürgermeister der ausgewählten Städte sind im Präsidium oder Hauptausschuss des Deutschen Städtetages vertreten.

146 Quelle: Deutscher Städtetag (Hrsg.): Sozialausgaben der Städte steigen trotz guter Konjunktur weiter – Beispiele für Sparmaßnahmen und Einnahmeverbesserungen, Presseerklärung vom 14. Februar 2011, http://www.staedtetag.de/10/presseecke/pressedienst/artikel/2011/02/

Mehr als die Hälfte ihrer Einnahmen müssen die Gemeinden für ihre Personal- und die laufenden Sachkosten aufwenden. Denn da die kommunalen Aufgaben überwiegend im personalintensiven Dienstleistungsbereich liegen, ergibt sich daraus bereits eine Ausgabenquote von etwa einem Drittel. Diese Quote ist in den letzten Jahren relativ stabil geblieben, weil die Lohn- und Gehaltstarife der öffentlich Bediensteten seit Mitte der 1970er Jahre überwiegend an die Inflationsrate gekoppelt waren und erheblich geringer als in den privatwirtschaftlichen Bereichen anstiegen. Die laufenden Sachkosten für die Unterhaltung von Hoch- und Tiefbauten, Anschaffung von Geräten, notwendige Geschäftsausgaben wie Bürobedarf, Telefongebühren, Porto etc. und andere Kosten betragen etwa ein Fünftel.[147]

Stadt[148]	2005 In Mio. €	2010 In Mio. €	Zuwachs in %
Augsburg	29,0	37,0	27,6
Bielefeld	50,0	63,9	27,8
Bochum	52,9	67,6	27,8
Dresden	70,8	87,5	23,8
Düsseldorf	95,4	128,3	34,5
Frankfurt am Main	109,6	148,9	35,9
Freiburg im Breisgau	22,3	31,0	39,0
Heidelberg	11,3	14,8	30,9
Heilbronn	10,1	12,3	21,8
Jena	11,6	15,2	31,0
Leipzig	103,7	124,6	20,1
Mönchengladbach	52,0	66,0	26,9
Mülheim an der Ruhr	20,8	31,5	51,4
München	140,8	174,9	24,2
Potsdam	21,2	28,0	32,1
Regensburg	12,9	17,3	34,1
Saarbrücken	38,6	46,8	21,2
Stuttgart	61,9	90,2	45,7
Wiesbaden	45,9	62,2	35,5
Wuppertal	63,0	84,7	34,4
Beispiele für Städte[149] mit mehr als 20 Prozent Zuwachs gegenüber 2005			

Abb. 15: Kosten der Unterkunft und Heizung[150]

14/00766/index.html (letzter Abruf: 26.4.2012).

147 Genauere Aufzählung bei Karrenberg / Münstermann, Kommunale Finanzen, a. a. O. (Fn. 136), S. 205.

148 Kosten der Unterkunft und Heizung (KdU) gem. § 22 SGB II nach Abzug der Bundesbeteiligung.

149 Die Oberbürgermeisterinnen und -bürgermeister der ausgewählten Städte sind im Präsidium oder Hauptausschuss des Deutschen Städtetages vertreten.

150 Quelle: Deutscher Städtetag (Hrsg.), Sozialausgaben der Städte, a. a. O. (Fn. 146).

Finanzpolitische Problemfelder der kommunalen Aufgaben bilden vor allem die Pflichtaufgaben, zu deren Erfüllung die Gemeinden als kommunale Selbstverwaltungskörperschaften gesetzlich verpflichtet sind. Denn im Gegensatz zu den eigentlichen Selbstverwaltungsaufgaben haben die Gemeinden dabei nicht mehr die Freiheit der Entschließung, ob sie diese Aufgaben in ihren Wirkungskreis einbeziehen wollen oder nicht. Ein Anstieg der Kosten für solche Pflichtausgaben bedingt dann zwangsläufig einen Rückgang der investiven Maßnahmen zur Stadtentwicklung.

In diesen Zusammenhang fällt vor allem die stetige Zunahme der sozialen Leistungen, welche die Gemeinden aufgrund bundes- und landespolitischer Vorgaben und gesetzlicher Maßnahmen erbringen müssen (s. dazu Abb. 14, S. 66 und Abb. 15, S. 67).

Denn nach dem Zwölften Buch Sozialgesetzbuch (SGB XII)[151] ist es Aufgabe der Sozialhilfe, den Leistungsberechtigten die Führung eines Lebens zu ermöglichen, das der Würde des Menschen entspricht. Die Leistung soll sie so weit wie möglich befähigen, unabhängig von ihr zu leben.

Kosten für die Gemeinden entstehen insbesondere dadurch, dass in den Kreis der Anspruchsberechtigten Langzeitarbeitslose gehören, also solche Personen, die auf dem Arbeitsmarkt – aus welchen Gründen auch immer – nicht mehr vermittelbar sind und ihren Lebensunterhalt nicht selbstständig bestreiten können. Die Zahl dieses Personenkreises ist geradezu explosionsartig infolge der zunehmenden Arbeitslosigkeit seit Ende der 1970er Jahre angestiegen und sinkt leicht, aber kontinuierlich seit der Jahrtausendwende einerseits infolge von politischen Maßnahmen (z. B. Hartz-Konzepte[152]) und andererseits aufgrund des demographischen Wandels. Hinzu kommen die finanziellen Lasten, die durch die großen Flüchtlingszahlen seit Ende 2014 und bis weit in 2016 hinein für die Gemeinden entstehen, weil sie für diese Menschen nicht nur den Lebensunterhalt finanzieren, sondern außerdem Wohnraum beschaffen und unterhalten müssen.[153]

151 § 1 Sätze 1 und 2 SGB XII, Zwölftes Buch Sozialgesetzbuch – Sozialhilfe – (Artikel 1 des Gesetzes vom 27. Dezember 2003, BGBl. I 2003, S. 3022), zuletzt geändert durch Art. 13 Abs. 28 des Gesetzes vom 12. April 2012 (BGBl. I 2012, S. 579).

152 Benannt nach dem ehemaligen VW-Personalmanager Peter Hartz, der die Kommission „Moderne Dienstleistungen am Arbeitsmarkt" geleitet hatte. Die Vorschläge der Kommission wurden zur besseren Umsetzung im Gesetzgebungsverfahren in einzelne Gesetze zur Reform des Arbeitsmarktes aufgeteilt und erhielten die Kurzbezeichnungen Hartz I, Hartz II, Hartz III und Hartz IV. Die einzelnen Gesetze traten schrittweise zwischen 2003 und 2005 in Kraft und sind seitdem weiter geändert worden.

153 Neuerer, Dietmar: STÄDTEBUND SCHLÄGT ALARM: „Kommunen können Flüchtlingskosten nicht tragen"; Handelsblatt-online vom 24.9.2015 um 12:50 Uhr; https://www.handelsblatt.com/politik/deutschland/staedtebund-schlaegt-alarm-kommunen-koennen-fluechtlingskosten-nicht-tragen/12362824.html (letzter Abruf: 29.1.2016).

Nach § 8 SGB XII umfasst die Sozialhilfe Hilfe zum Lebensunterhalt (§§ 27 bis 40 SGB XII), Grundsicherung im Alter und bei Erwerbsminderung (§§ 41 bis 46a SGB XII), Hilfen zur Gesundheit (§§ 47 bis 52 SGB XII), Eingliederungshilfe für behinderte Menschen (§§ 53 bis 60 SGB XII), Hilfe zur Pflege (§§ 61 bis 66 SGB XII), Hilfe zur Überwindung besonderer sozialer Schwierigkeiten (§§ 67 bis 69 SGB XII), Hilfe in anderen Lebenslagen (§§ 70 bis 74 SGB XII) sowie die jeweils gebotene Beratung und Unterstützung. So wurde der Sozialetat der Gemeinden auch infolge demographischer Entwicklungen durch Kosten für die Pflege alter Menschen und durch eine starke Ausweitung des Leistungsangebots in Kindertageseinrichtungen infolge des bundesgesetzlich fixierten Rechtsanspruchs auf einen Kindergartenplatz ausgeweitet, sodass der Sozialetat in den 1990er Jahren auf ein Viertel der gesamten kommunalen Ausgaben angestiegen ist.[154] Trotz guter Konjunktur und sinkender Arbeitslosigkeit verdoppelten sich die kommunalen Sozialausgaben von 1990 bis 2010 auf über 42,2 Mrd. €.[155]

Insgesamt stellt sich deshalb die Frage, ob die Gemeinden bei den hohen feststehenden Belastungen überhaupt noch finanzielle Handlungsspielräume haben, um Gelder für die Durchsetzung ihres politischen Konzepts der Stadtentwicklung zur Verfügung zu haben. Eine mögliche Lösung aus dem Dilemma könnte die Erhöhung der Gemeindeeinnahmen sein.

3.10.2 Allgemeine finanzielle Handlungsspielräume der Gemeinden

Bei genauerer Betrachtung der oben dargelegten finanziellen Ausstattung der Gemeinden ergibt sich, dass es den Kommunen nicht einfach gemacht wird, die Einnahmen zu erhöhen, um damit ein politisches Konzept zur Stadtentwicklung verwirklichen zu können. Denn die gemeindlichen Steuereinnahmen und ihre Schlüsselzuweisungen stehen miteinander in enger Verbindung. Ein höheres Steueraufkommen bedeutet zwar zunächst Mehreinnahmen für die betreffende Gemeinde, diese Mehreinnahmen würden jedoch später durch Verminderung der Schlüsselzuweisungen zum großen Teil wieder nivelliert.

In der Praxis des politisch-administrativen Alltags stehen auch die ohnehin sehr konjunkturabhängige Gewerbesteuer sowie die Grundsteuer in Verbindung. Denn abgesehen davon, dass der Handlungsspielraum der Gemeinden bezüglich der Grundsteuereinnahmen schon durch die Gemeindefläche be-

154 Vgl. Rehm, Zur Zukunft der Kommunalfinanzen, a. a. O. (Fn. 117), S. 128 f.

155 Deutscher Städtetag (Hrsg.): Sozialausgaben der Städte steigen trotz guter Konjunktur weiter – Beispiele für Sparmaßnahmen und Einnahmeverbesserungen, Presseerklärung vom 14. Februar 2011, http://www.staedtetag.de/10/presseecke/pressedienst/artikel/2011/02/14/00766/index.html (letzter Abruf: 26.4.2012).

grenzt wird, bedingt eine gewerbefreundliche Politik einen niedrigen Grundsteuersatz, um dadurch neue Betriebe zu gewinnen. Die Gemeinden treten bei der Anwerbung von Gewerbebetrieben in Konkurrenz und dürfen nach dem Recht der Europäischen Union keine direkten Vergünstigungen mehr an Betriebe gewähren. Es kommt hinzu, dass sich die Freibeträge bei der Gewerbesteuer im Laufe der Zeit so sehr erhöht haben, dass nur noch große Betriebe überhaupt Gewerbesteuer zahlen. Die Ansiedlung großer Betriebe birgt aber immer die Gefahr einer allzu großen Abhängigkeit von diesen Unternehmen wegen der permanenten Abwanderungsdrohung und dem damit verbundenen Verlust von erheblichen Steuereinnahmen. Im Übrigen muss in Krisenzeiten der angesiedelten Unternehmensbranche mit schwerwiegenden negativen Folgen für die Gemeinde gerechnet werden.[156]

Größere Unternehmen – insbesondere des Sekundären Sektors – haben in der Regel auch eine abschreckende Wirkung auf potentielle Neubürgerinnen und Neubürger, die darauf aus sind, einen infrastrukturgünstigen, wenig umweltbelasteten Wohnstandort zu finden. Gerade für Kommunen am Rande von Verdichtungsräumen ist aber die Anwerbung solcher Menschen zur Verbesserung ihrer Steuereinnahmen seit der Finanzverfassungsreform von 1969 interessant geworden. Sie räumt nämlich den Gemeinden gegen die Abgabe eines Teils der Gewerbesteuereinnahmen einen Anteil an der Einkommensteuer des Gemeindegebiets ein. Gegenüber der Gewerbesteuer ist die Einkommensteuer erheblich weniger konjunkturabhängig. Insbesondere Neubürgerinnen und Neubürger mit hoher Einkommensteuerbelastung stellen dabei die Zielgruppe für die Gemeinden dar. Diese fordern aber ihrerseits wiederum eine sehr gute kulturelle Infrastruktur, für welche die Gemeinde kostenintensive Investitionsmaßnahmen erbringen muss.

So sind die Gemeinden regelmäßig von zweckgebundenen Finanzzuweisungen abhängig, deren Gewährung mit einer erheblichen Einmischung in die Kommunalpolitik durch die Aufsichtsbehörden verbunden sein kann. Denn wenn eine Stadt Investitionsmaßnahmen durchzuführen beabsichtigt, die von den Kommunalaufsichtsbehörden aus rechtlichen Gründen nicht untersagt werden können, muss sie damit rechnen, dass mit dem Hinweis auf das „Gebot sparsamer und wirtschaftlicher Haushaltsführung" die Senkung der Förderrichtsätze für ein anderes Projekt angedroht wird.[157]

156 Die Strukturkrise des Ruhrgebiets ist vor allem eine Folge der Abhängigkeit der Kommunen von der Großindustrie.

157 Auf diese Weise wurde z. B. der Stadt Erftstadt faktisch untersagt, ein Lehrschwimmbecken zu bauen. S. dazu Vermerk des Dezernats 31 (31.59.07) des Regierungspräsidenten vom 22. April 1975, S. 2: Protokolle des Rats der Stadt Erftstadt aus der 1.-3. Sitzung der 2. Wahlperiode, 23. Mai 1975 bis 18. Juli 1975.

Die zunehmende Abhängigkeit der Gemeinden von staatlichen Geldern ist auf die seit der kommunalen Neuordnung in Nordrhein-Westfalen wachsende Einbindung der kommunalen Ebene in die gesamtstaatliche Problemverarbeitung zurückzuführen.[158] Bereits 1977 stellte die Enquête-Kommission „Verfassungsreform“ des Deutschen Bundestags in ihrem Schlussbericht u. a. fest, dass „die Zunahme finanzieller Abhängigkeiten [der Gemeinden] vom Staat bei steigendem kommunalen Investitionsbedürfnis für Infrastrukturaufgaben [...] offenkundig“[159] ist. Außerdem wurden den Gemeinden mit verschiedenen Steuerreform-, Steuerentlastungs- und sonstigen Maßnahmen zur Stabilisierung der Haushalte durch den Bund schon seit Mitte der 1970er Jahre erhebliche finanzielle Einbußen zugemutet. Vor allem die Abschaffung der Lohnsummensteuer und das Hochschrauben der Freibeträge der Gewerbesteuer sowie die Tarifänderungen für die Verteilung des kommunalen Einkommensteueranteils haben diese Einnahmequellen immer mehr reduziert.[160]

Dennoch verbleiben den Gemeinden trotz dieser Verschlechterungen der Einnahmen und der Abhängigkeiten von staatlichen Ebenen immer noch Handlungsspielräume, um die Stadtentwicklungsprozesse zu steuern. Die Zunahme der von Bund und Land eingerichteten Förderprogramme gibt den Gemeinden nämlich andererseits die Möglichkeit, aus den Angeboten der Zweckzuweisungen für die Förderung des Wohnungsbaus, des Straßenbaus, des öffentlichen Personennahverkehrs, des Baus von Kläranlagen, der Altstadtsanierung usw., auszuwählen und für die eigene Gemeinde einen Schwerpunkt zu setzen.[161]

Die Bildung solcher Schwerpunkte und die finanziellen Möglichkeiten zur Lösung der übernommenen Aufgaben waren abhängig von den konjunkturellen und gesetzgeberischen Veränderungen, wie sie von den Gemeinden gesehen und gewertet wurden.

3.10.3 Konjunkturelle und gesetzgeberische Veränderungen der gemeindlichen Finanzausstattung und ihr Einfluss auf die politisch-administrativen Maßnahmen der Gemeinden[162]

Im Gesetz zur Förderung der Stabilität und des Wachstums der Wirtschaft (StabG) vom 8. Juni 1967[163], das zuletzt durch Artikel 267 der Verordnung vom

158 Vgl. dazu oben den Abschnitt über die politischen Handlungsspielräume ab S. 46. Vgl. auch Rehm, Zur Zukunft der Kommunalfinanzen, a. a. O. (Fn. 117), S. 128.

159 Schlussbericht der Enquête-Kommission „Verfassungsreform“, BT-Drs. 5924, S. 171.

160 Vgl. Rehm, Zur Zukunft der Kommunalfinanzen, a. a. O. (Fn. 117), S. 131.

161 Vgl. Wehling, Kommunalpolitik in Geschichte und Gegenwart, a. a. O. (Fn. 26), S. 14.

162 Grundlage für diesen Abschnitt bildeten die Haushaltsreden der Stadtdirektoren und Stadtkämmerer in den beiden ausgewählten Gemeinden Erftstadt und Sankt Augustin.

163 BGBl. I 1967, S. 582.

31. August 2015[164] geändert worden ist, wurde erstmalig die Anpassung der kommunalen Haushaltswirtschaft an die Erfordernisse des gesamtwirtschaftlichen Gleichgewichts in Bund, Ländern und Gemeinden gesetzlich verankert (§ 16 StabG). Auf dieser Grundlage entwickelten die Länder, für die bereits einheitlich das Gesetz über die Grundsätze des Haushaltsrechts des Bundes und der Länder (Haushaltsgrundsätzegesetz – HGrG) vom 19. August 1969[165], das zuletzt durch Artikel 10 des Gesetzes vom 14. August 2017[166] geändert worden ist, ein einheitliches Haushaltsrecht für alle Gemeinden und Gemeindeverbände. Das Land Nordrhein-Westfalen schuf bis Februar 1973 die gesetzlichen Voraussetzungen für die Einführung dieses neuen Haushaltsrechts, das sich nicht allein in umfänglichen Änderungen der Formalien erschöpfte, sondern von der Substanz her eine erhebliche Änderung der künftigen Bewirtschaftung der zur Verfügung stehenden Finanzmittel der Gemeinden brachte. Ursache war die Verlagerung der Aufgaben der Kommunen von der Erfüllung hoheitlicher Aufgaben überwiegend auf die Daseinsvorsorge. Die neuen Aufgaben erforderten einen wachsenden Investitionsbedarf der Gemeinden und dadurch immer mehr die Aufnahme von Krediten. Denn der Anteil aller Sachinvestitionen in Bund, Ländern und Gemeinden betrug seit Ende der 1960er Jahre für die Kommunen etwa zwei Drittel, sodass die Konjunkturpolitik des Staates zwingend die gemeindlichen Haushalte in die Steuerung mit einbeziehen musste.

Entsprechend wurden in der 1973 neu gefassten Gemeindeordnung Nordrhein-Westfalens die bundeseinheitlichen Konjunktur- und Stabilitätsprobleme berücksichtigt: Nach § 62 Abs. 1 GemO NW a. F. hatte die Gemeinde ihre Haushaltswirtschaft so zu planen und zu führen, dass erstens die stetige Erfüllung ihrer Aufgaben gesichert und dabei zweitens den Erfordernissen des gesamtwirtschaftlichen Gleichgewichts Rechnung zu tragen war. Diese Regelung ist nunmehr in § 75 Abs. 1 Satz 2 GemO NRW n. F. verankert. Auch wenn die Aufgabenerfüllung die erste Stelle im Gesetz belegt, steht dennoch das konjunkturgerechte Verhalten im Vordergrund. Eine mögliche Folge ist, dass aus Gründen gesamtwirtschaftlichen Gleichgewichts kommunale Investitionen – selbst im Rahmen des notwendigen Nachholbedarfs – zurückgestellt werden müssen. Da zudem nach § 19 StabG die Kreditaufnahme der Kommunen durch Bund und Land[167] beschränkt werden kann, sehen sich die Gemeinden schon seit vierzig Jahren zu Beginn eines jeden Bauvorhabens einer erheblichen Beeinflussung durch den Staat ausgesetzt.[168]

164 BGBl. I 2015, S. 1474.
165 BGBl. I 1969, S. 1273.
166 BGBl. I 2017, S. 3122.
167 Durch eine Schuldendeckelverordnung.
168 Vgl., auch zu den vorstehenden Ausführungen, die Haushaltsrede 1974 des StKäm Erftstadts

Das Erfordernis des § 62 GemO NW a. F. und § 75 Abs. 1 Satz 2 GemO NRW n. F., neben der Erfüllung des unabweisbaren Bedarfs auch die konjunkturpolitischen Erfordernisse zu berücksichtigen, bedeutet zum Beispiel, dass die Gemeinden zur Stärkung der Bauwirtschaft in konjunkturschwachen Zeiten investieren müssten, obwohl sie ja wegen der schwachen Konjunktur eine Verringerung ihrer Einnahmen verzeichnen! Notwendig wurde und wird es deshalb, im Verwaltungshaushalt erheblich zu sparen und strukturelle Veränderungen vorzunehmen, um so möglichst hohe Reserven für Investitionen freizubekommen. Hier wirkte es sich früher für die Gemeinden auch aus, dass die Steuerfinanzierungsquote von 34,9 % im Jahre 1961 auf 29,2 % im Jahre 1974 abgesunken war und dadurch die Finanzierung neuer Investitionen nur im Wege der zunehmenden Verschuldung möglich wurde.

In arge wirtschaftliche Bedrängnis gerieten die Gemeinden durch den Tarifabschluss für Angestellte und Arbeiter im öffentlichen Dienst der Bundesregierung mit den Gewerkschaften 1974, die Lohnerhöhungen von 11 %, mindestens aber 170 DM (= 86,92 €) ergaben.[169]

Ausgelöst durch die Vervierfachung der Ölpreise durch die Öl produzierenden Länder im Jahre 1974 war es – nicht nur auf die Bundesrepublik Deutschland beschränkt, sondern weltweit – zu einem konjunkturellen Einbruch gekommen, der einen wirtschaftlichen Niedergang bedingte und zu Steuermindereinnahmen in allen Bereichen geführt hat. Die gesamtwirtschaftliche Lage führte auf Dauer zu einer Stagnation der Steuereinnahmen, denen aber inflations- und rohstoffbedingte Kostensteigerungen gegenüberstanden. Hinzu kamen 1975 die Steuer- und Kindergeldreformen, die zu weiteren Steuermindereinnahmen bei Bund, Ländern und Gemeinden in zweistelliger Milliardenhöhe führten. Diese Steuerausfälle konnten – was in der ersten Hälfte der 1970er Jahre nicht absehbar war[170] – auch in den kommenden Jahren des volkswirtschaftlichen Aufschwungs nicht ausgeglichen werden.

vom 15. November 1973; in: Stadtverwaltung Erftstadt (Hrsg.): Akten des Stadtkämmerers: „Etatreden StK + StD", vom 15. November 1973 bis 25. Oktober 1988, Erftstadt 1988 sowie Stadtverwaltung Sankt Augustin (Hrsg.): Akten des Stadtkämmerers: Haushaltsrede (Nachtrag 1973) vom 17. Oktober 1973: Protokolle des Rats der Stadt Sankt Augustin aus der 1. Wahlperiode, 17. Oktober 1973, Anl. zur Niederschrift der Sitzg. vom 17. Oktober 1973.

169 Hauptvorstand der Gewerkschaft Öffentliche Dienste, Transport und Verkehr (Hrsg.): Tarifrunde 1995, Stuttgart 1995, S. 22. Vgl. die Haushaltsreden 1974 der CDU-Fraktion (Dr. Schulte-Beckhausen), S. 1 f. und der SPD-Fraktion (Prof. Dr. Forndran), S. 8; in: Protokolle des Rats der Stadt Sankt Augustin aus der 1. Wahlperiode, 22. Februar 1974 bis 6. März 1974, Anl. z. Niederschrift der Sitzg. vom 20. Februar 1974.

170 Vgl. dazu z. B. die Haushaltsrede 1976 des Erftstadter Stadtkämmerers vom 27. Januar 1976, der noch einen Ausgleich der Steuerausfälle prognostizierte, S. 1; in: Protokolle des Rats der Stadt Erftstadt aus der 7.-14. Sitzung der 2. Wahlperiode, 25. November 1975 bis 21. Mai 1976 sowie Stadtverwaltung Erftstadt (Hrsg.): Akten des Stadtkämmerers: „Etatreden StK +

Zur Verschlechterung der finanziellen Lage der Gemeinden trugen zudem strukturelle Ursachen in erheblichem Maße bei. Infolge des ständig steigenden Wirtschaftswachstums der Vorjahre hatten die Gemeinden überproportionale Einnahmen erzielt. Diese „verführten" die Gemeinden dazu, Aufgaben, die nicht primär durch die öffentliche Hand erledigt werden mussten, und überdimensionierte Projekte in Angriff zu nehmen.[171] Notwendigerweise waren diese Aufgaben und Projekte mit erheblichen Ausgaben verbunden. Da es nun kaum noch Wirtschaftswachstum gab, waren die Ausgaben nicht mehr finanzierbar, weil die Einnahmen fehlten. Andererseits konnten die Ausgaben für die begonnenen Projekte und Maßnahmen nicht von heute auf morgen zurückgeschraubt werden, weil bereits rechtsverbindliche Verträge abgeschlossen worden waren. Die Folge war, dass im Bereich der freiwilligen Aufgabenübernahme die Gemeinden erhebliche Einschränkungen hinnehmen mussten.

Mit der Einbringung des Gesetzes über den Finanzausgleich zwischen Bund und Ländern (Finanzausgleichsgesetz – FAG) im September 1977[172] ergab sich für die Gemeinden zunächst ein optimistisches Bild. Denn aus den vorläufigen Orientierungsdaten ließ sich ablesen, dass die Einnahmen wegen höherer Schlüsselzuweisungen und höheren Anteilen aus der Lohn- und Einkommensteuer stärker als die Ausgaben für Personal- und Sachkosten steigen würden. Doch wurde bereits 1978 im Vermittlungsausschuss des Bundestags eine Einkommensteuerreform beschlossen, die zu Ausfällen bei den Anteilen der Kommunen an der Einkommen- und Lohnsteuer führte. Insgesamt gingen Steuerschätzungen aber noch davon aus, dass die Einnahmen weiterhin stärker als die Ausgaben steigen würden.[173]

Die Unsicherheit der Finanzierungen der Gemeindehaushalte wurde auch in den Folgejahren durch Bund und Land dadurch aufrechterhalten, dass weitere Änderungen in den Grundlagen der Gemeindefinanzen gesetzlich vorgesehen wurden. Das Steuerpaket 1977 beinhaltete den Wegfall der Lohnsummensteuer und tangierte im erheblichen Umfang die kommunale Finanzausstattung sowohl bei den eigenen Steuerquellen, nämlich der Gewerbesteuer und dem Einkommensteueranteil, als auch beim Finanzausgleich. Obwohl die

StD", vom 15. November 1973 bis 25. Oktober 1988, Erftstadt 1988.

171 Man denke nur an die vielen Schwimmbäder und Stadthallen, die in den 1960er und zu Beginn der 1970er Jahre gebaut wurden oder an die U-Bahn-Projekte zum Beispiel in den Städten des Ruhrgebiets, die bis heute nur Fragmente blieben und kein zusammenhängendes Netz bilden.

172 Aktuell: Finanzausgleichsgesetz vom 20. Dezember 2001 (BGBl. I 2001, S. 3955, 3956), das zuletzt durch Artikel 6 des Gesetzes vom 21. Dezember 2019 (BGBl. I S. 2886) geändert worden ist.

173 Vgl. dazu z. B. die Rede des Stadtkämmerers von Erftstadt zur Einbringung des Haushaltsplanes 1978, S. 2 f.; in: Stadtverwaltung Erftstadt (Hrsg.): Akten des Stadtkämmerers: „Etatreden StK + StD", vom 15. November 1973 bis 25. Oktober 1988, Erftstadt 1988.

Auswirkungen des Steuerpakets von 1977 vor allem im Bereich der Lohn- und Einkommensteuer noch nicht den Gemeinden bekannt waren, wurde das Verfahren zum 2. Funktionalreformgesetz eingeleitet, das weitere Aufgabenverschiebungen auf Städte und Gemeinden nach sich ziehen sollte.[174] Dieses Steueränderungsgesetz wurde schließlich 1979 durch das Gesetz zur Änderung des Einkommensteuergesetzes und des Investitionszulagengesetzes (StÄndG) vom 21. Februar 1975[175] beschlossen. Im Zusammenspiel des daraus resultierenden noch ungeklärten Finanzausgleichs mit den unkorrekten Orientierungsdaten der vorherigen gesetzlichen Steuerregelungen war die Finanzplanung der Gemeinden auch noch bis 1981 in Frage gestellt, als an Stelle des Finanzausgleichsgesetzes ein Gemeindefinanzierungsgesetz trat. Ein weiteres Erschwernis bildete für die Kommunen die Entwicklung der Baupreise im Jahre 1979, die zu zeitlichen Verschiebungen einer Reihe von Baumaßnahmen in den Gemeinden führten. Daneben kamen unabsehbare Kosten durch die Zuteilung von Asylsuchenden auf die Städte zu, die sich nochmals seit der Wiedervereinigung 1990 erhöhten. Es war 1979 noch nicht abzusehen, ob für die dafür notwendigen Personal- und Sachkosten, welche die Gemeinden zu tragen hatten, ein Kostenersatz durch Bund oder Land gewährt werden würde.[176]

Durch das StÄndG 1975 wurden die Freibeträge für die Gewerbesteuer nach Ertrag und Kapital so erhöht, dass die Zahl der Gewerbesteuerzahler beträchtlich abgenommen hatte. Der in den Beratungen zu diesem Gesetz deshalb den Gemeinden in Aussicht gestellte Ausgleich wurde aber nicht vorgenommen. Vielmehr erfolgte eine erneute Erhöhung der Freibeträge bei der Gewerbesteuer nach Ertrag ab 1980 und nach Kapital ab 1981, sodass von der Gewerbeertragssteuer nur noch 30 %, von der Gewerbekapitalsteuer 16 % aller Betriebe erfasst wurden.[177] Dadurch entwickelte sich die Gewerbesteuer immer mehr zu einer Steuer für Großbetriebe, die in Gemeinden außerhalb des Ballungskerns und des Ballungsrandgebiets kaum zu finden sind.

Das Abwasserabgabengesetz des Bundes von 1976 begründete ab 1. Januar 1981 eine Abgabenverpflichtung der Gemeinden für Abwässer. Die Kosten dafür konnten aber weitgehend durch Gebührenerhöhungen ausgeglichen werden. Ebenso für die Kommunen kostenneutral wirkten sich die Änderungen

174 Vgl. dazu die Haushaltsrede des Stadtdirektors von Sankt Augustin vom 25. Oktober 1978, S. 4.: Protokolle des Rats der Stadt Sankt Augustin aus der 2. Wahlperiode, 20. September 1978 bis 13. Dezember 1978, Anl. z. Niederschrift der Sitzg. vom 25. Oktober 1978.

175 BGBl. I 1975, S. 525.

176 Haushaltsrede des Stadtdirektors von Sankt Augustin vom 25. Oktober 1978, S. 7; in: Protokolle des Rats der Stadt Sankt Augustin aus der 2. Wahlperiode, 20. September 1978 bis 13. Dezember 1978, Anl. z. Niederschrift der Sitzg. vom 25. Oktober 1978.

177 Mitteilung des Nordrhein-Westfälischen Städte- und Gemeindebundes vom 20. Oktober 1979.

des Straßenreinigungs- und des Landeswassergesetzes Nordrhein-Westfalens aus, das die Unterhaltungsverpflichtung für fließende Gewässer beinhaltet.

Am 18. November 1981 wurde eine Änderung zum Landeshaushalt NW 1982 in den Landtag eingebracht. Sie sah besonders eine Kürzung der für die gemeindlichen Schlüsselzuweisungen zur Verfügung stehenden Mittel um 100 Mio. DM (rd. 50 Mio. €) sowie eine Reduzierung der für 1982 geschätzten Einkommensteuerzuwachsrate von über 50 % vor. Diese Änderungen verminderten die Einnahmen der Gemeinden erheblich.[178] Außerdem wurde im Zusammenhang mit dem Haushaltsentwurf 1982 der Landesregierung Nordrhein-Westfalens ein Haushaltsfinanzierungsgesetz vorgelegt. Dies geschah in der Erkenntnis, dass die Netto-Kreditaufnahme des Landes durch Sparmaßnahmen und zusätzliche Einnahmen mittelfristig deutlich zurückgeführt werden musste, um die Finanzstruktur des Landeshaushalts nachhaltig zu verbessern. Eine Überprüfung der Leistungsgesetze wurde beschlossen und deshalb das Haushaltsfinanzierungsgesetz vorgelegt. Dessen Auswirkungen für die Gemeinden konnten aber erst in den Folgejahren abgesehen werden.[179]

Das Gemeindefinanzierungsgesetz NRW von 1983[180] beinhaltete erhebliche Veränderungen gegenüber den Vorjahren. So fiel die Kostenpauschale für die Auftragsverwaltung der Gemeinden ganz weg und wurde in die Schlüsselzuweisungen eingerechnet. Der Bund gewährte 1983 wiederum steuerliche Erleichterungen bei der Gewerbesteuer sowie die Erhöhung des Länderanteils an der Umsatzsteuer. Gleichzeitig gingen die Steuereinnahmen erheblich zurück. Neben den Ländern forderten auch die Kreise, die von den steuerlichen Mindereinnahmen ebenfalls betroffen waren, ihren Tribut von den Kommunen. Der Erftstadter Stadtdirektor sah deshalb das nach Art. 28 GG garantierte Selbstverwaltungsrecht der Gemeinden nur noch unter folgendem Aspekt: „Wir haben die Freiheit, die vorgeordneten Kommunalverbände Kreis und Landschaftsverband aus unserem geschmälerten Stadtsäckel zunehmend mit zu finanzieren."[181]

178 Haushaltsrede des Stadtdirektors von Sankt Augustin vom 5. November 1980, S. 1; in: Protokolle des Rats der Stadt Sankt Augustin aus der 3. Wahlperiode, 10. Juni 1980 bis 17. Dezember 1980, Anl. z. Niederschrift der Sitzg. vom 5. November 1980.

179 Vgl. dazu die Haushaltsrede des Stadtdirektors von Sankt Augustin vom 27. Oktober 1981, S. 5; in: Protokolle des Rats der Stadt Sankt Augustin aus der 3. Wahlperiode, 27. Oktober 1981 bis 16. Dezember 1981, Anlage zur Niederschrift der Sitzung vom 27. Oktober 1981.

180 Aktuell: Gesetz zur Regelung der Zuweisungen des Landes Nordrhein-Westfalen an die Gemeinden und Gemeindeverbände im Haushaltsjahr 2019 (Gemeindefinanzierungsgesetz 2019 - GFG 2019) vom 18. Dezember 2018 (GV.NRW, 2018, S. 782).

181 Haushaltsrede 1983 des Stadtdirektors Erftstadts vom 24. November 1982, S. 1; in: Stadtverwaltung Erftstadt (Hrsg.): Akten des Stadtkämmerers: „Etatreden StK + StD", vom 15. November 1973 bis 25. Oktober 1988, Erftstadt 1988. Vgl. zum Abschnitt: Haushaltsrede des Stadtdirektors Sankt Augustins vom 3. November 1982, S. 2; in: Protokolle des Rats der

In Kenntnis der schwierigen Finanzlage der Städte- und Gemeinden wurde von der Landesregierung NW ein Gemeindefinanzierungsgesetz vorgelegt, in dem im Gegensatz zu den Vorjahren der Anteil der Schlüsselzuweisungen gegenüber den Zweckzuweisungen von 75 zu 25 über 79,2 zu 20,8 in 1983 auf 84,3 zu 15,7 für 1984 verbessert wurde. Viele Gemeinden hatten aber ihre Rücklagen aufgebraucht, sodass auch in den nächsten Jahren konsequent in allen Bereichen weiter gespart und die Steuern, Gebühren und Beiträge wieder erhöht werden mussten.[182]

Auch 1985 wurden die Gemeinden durch Aufstockung bei den Schlüsselzuweisungen steuerlich besser ausgestattet. Außerdem änderte sich bei vielen Städten und Gemeinden der Anteil an der Einkommensteuer positiv, weil 1985 die alle drei Jahre fällige Neufestsetzung des Verteilerschlüssels erfolgte. Bei der Errechnung der Verteilungszahlen waren dabei die Höchstbeträge nach der Grund- und Splittingtabelle für die Einkommensteuer für Ledige von 25.000 DM (12.782 €) auf 32.000 DM (16.361 €) und für Verheiratete von 50.000 DM (25.564 €) auf 64.000 DM (32.722 €) erhöht worden. Für Gemeinden mit steigender Einwohnerzahl und Gruppen höherer Einkommen konnte sich so eine erhebliche Steigerung des Einnahmeanteils an der Einkommensteuer ergeben. Dagegen war in Planung, den Verbundsatz, die Beteiligung der Kommunen an dem Landesaufkommen aus der Einkommensteuer, der Körperschaftssteuer, der Umsatzsteuer und der Gewerbesteuerumlage, um 2,5 %-Punkte auf 23 % zu senken.[183]

Die Initiative der Bundesregierung zur Erhöhung der Städtebauförderungsmittel für 1986 und 1987 führte in den Gemeinden dazu, Maßnahmen zur Erneuerung und Sanierung ihrer Altstädte oder zur Neuerschließung von Gewerbegebieten zu ergreifen, die infolge der zehn Jahre seit der Ölkrise immer wieder aufgeschoben werden mussten. Einen weiteren Investitionsanschub gaben das Programm öffentlicher Personennahverkehr und die Förderungen nach dem Gemeindeverkehrsfinanzierungsgesetz. Weitere Förderungsprogramme, welche die Verkehrsberuhigung, den Sportstättenbau, das Radwegeprogramm und die Landschaftspflege betrafen, wurden von den meisten Gemeinden in Anspruch genommen. Allerdings hatte die Landesregierung 1986 als Obergrenze der Nettokreditaufnahme eine Summe von 6,9 Mrd. DM (3,528 Mrd. €)

Stadt Sankt Augustin aus der 3. Wahlperiode, 14. September 1982 bis 3. November 1982, Anl. z. Niederschrift der Sitzg. vom 3. November 1982.

182 Haushaltsrede des Stadtdirektors von Sankt Augustin vom 2. November 1983, S. 2 f; in: Protokolle des Rats der Stadt Sankt Augustin aus der 3. Wahlperiode, 22. Juni 1983 bis 2. November 1983, Anl. z. Niederschrift der Sitzg. vom 2. November 1983.

183 Haushaltsrede des Stadtdirektors von Sankt Augustin vom 30. Oktober 1985, S. 6; in: Protokolle des Rats der Stadt Sankt Augustin aus der 4. Wahlperiode, 10. September 1985 bis 30. Oktober 1985, Anl. z. Niederschrift der Sitzg. vom 30. Oktober 1985.

festgesetzt, die zu Einsparungen in allen Bereichen des Landeshaushalts führte. Außerdem führte die jetzt durchgeführte Senkung der Quote des Steuerverbunds von 25,5 auf 23 % zu einem Finanzmittelentzug von etwa 1 Mrd. DM (0,511 Mrd. €) für die Gemeinden und Gemeindeverbände. Diese Auswirkungen bezogen sich allerdings nur auf die Zweckzuweisungen.[184]

Die Entwicklung der Sozialhilfe, hervorgerufen durch die unter dem Stichwort „neue Armut" beschriebenen Folgelasten aus den Arbeitsmarktproblemen, die auf die Kommunen abgewälzt wurden, bereiteten den Gemeinden neue Probleme. Für 1986 wurde eine Erhöhung der Sozialhilfeausgaben um 12 % prognostiziert[185], die bei kreisangehörigen Gemeinden zwar vom Kreis zu tragen, aber von den einzelnen Kommunen erstens vorauszulegen und zweitens im Wege der Kreisumlage mitzufinanzieren waren.[186]

1987 wurde den Gemeinden Nordrhein-Westfalens durch den Wegfall der Grunderwerbssteuerbeteiligung rund 500 Mio. DM (255,6 Mio. €) Finanzkraft entzogen. Ein etwa gleich hoher Fehlbetrag kam 1988 dadurch zustande, dass das Land die Einnahmen aus dem Kraftfahrzeug-Steuerverbund, die bisher den Kommunen zugestanden hatten, nicht mehr weitergab, sondern zur Deckung im eigenen Haushalt behielt. Die Einkommensteuerreform des Bundes, deren Ziele: „Umverteilung der Einkommen zugunsten des privaten Bereichs, Vereinfachung der Einkommenbesteuerung und konjunkturpolitischer Auftrieb des Binnenmarktes"[187] nicht erreicht wurden, brachte die Quellensteuer ein, deren Einfluss auf die konjunkturelle Entwicklung und das Zinsniveau am Kreditmarkt zu dieser Zeit noch nicht eingeschätzt werden konnte. Für die Gemeinden bedeutete dies insbesondere, dass bis in die 1990er Jahre hinein keine mit gesicherten Daten belegte Finanzplanung durchgeführt werden konnte, da die Beteiligungen der Kommunen an der Einkommensteuer oder anderen Steuerarten nicht bekannt waren.[188]

---

184 Haushaltsrede des Stadtdirektors Sankt Augustin vom 14. Oktober 1986, S. 14; in: Protokolle des Rats der Stadt Sankt Augustin aus der 4. Wahlperiode, 13. Mai 1986 bis 14. Oktober 1986, Anl. z. Niederschrift der Sitzg. v. 14. Oktober 1986.

185 S. dazu die Haushaltsrede 1986 des Stadtdirektors Erftstadts vom 5. Oktober 1985, S. 9 f.; in: Stadtverwaltung Erftstadt (Hrsg.): Akten des Stadtkämmerers: „Etatreden StK + StD", vom 15. November 1973 bis 25. Oktober 1988, Erftstadt 1988.

186 Haushaltsrede des Stadtdirektors Sankt Augustins vom 14. Oktober 1986, S. 17 ff.; in: Protokolle des Rats der Stadt Sankt Augustin aus der 4. Wahlperiode, 13. Mai 1986 bis 14. Oktober 1986, Anl. z. Niederschrift der Sitzg. v. 14. Oktober 1986.

187 Aus der Haushaltsrede 1988 des Stadtkämmerers vom 3. November 1987, S. 2; in: Stadtverwaltung Erftstadt (Hrsg.): Akten des Stadtkämmerers: „Etatreden StK + StD", vom 15. November 1973 bis 25. Oktober 1988, Erftstadt 1988.

188 Haushaltsrede des Stadtdirektors vom 3. November 1987, S. 2 ff.; in: Protokolle des Rats der Stadt Sankt Augustin aus der 4. Wahlperiode, 30. Juni 1987 bis 15. Dezember 1987, Anl. z. Niederschrift der Sitzg. vom 3. November 1987.

Ein besonderes Problem blieben für die Kommunen die nach wie vor wachsenden Soziallasten, mit denen für kreisangehörige Gemeinden die Erhöhung der Kreis- und Landschaftsumlage verbunden war. Erhöhungen der Heizöl- und Erdgassteuer sowie Gebührenerhöhungen bei der Post brachten für die Gemeinden weitere finanzielle Belastungen.

Für 1990 und die Folgejahre prognostizierten die Wirtschaftsinstitute infolge der Deutschen Wiedervereinigung ein weiteres Anhalten des Wirtschaftswachstums. Ab 1991 mussten die Gemeinden aber nach dem Gemeindefinanzierungsgesetz ihren Beitrag zum „Aufschwung Ost" durch ihre Beteiligung am Finanzierungsfonds „Deutsche Einheit" mit in den Haushalt einplanen. Die Finanzierung dieser Kosten erfolgte im Rahmen des Finanzausgleichs über geringere Schlüsselzuweisungen und eine Erhöhung der Gewerbesteuerumlage sowie eine geringere Beteiligung an der Einkommensteuer. 1980 betrug der Anteil der Gemeinden am Steuerverbund noch 28 %, für 1991 wurde er von 23 % auf 22 % gesenkt. Der Finanzminister NW begründete die Senkung des Steuerverbundes damit, dass sich Aufgaben und Finanzen auseinanderentwickelt hätten und deshalb die Finanzströme so umzulenken seien, dass die verantwortliche Ebene ihre Aufgaben auch tatsächlich erfüllen könne. Von den Gemeinden selbst wurde das aber anders gesehen: Das Land schränkte seine Aktivitäten in keiner Weise ein, sondern lenkte aus dem Finanzausgleich der Kommunen einen nennenswerten Betrag in den Landeshaushalt zur Finanzierung weiterer Landesausgaben um.[189]

Neben dieser Belastung hatten die Gemeinden einen konjunkturellen Knick durch Preis- und Zinsanstieg zu tragen. Dieser ergab sich durch die zum 1. Juli 1991 wirksame Steuererhöhung. Und erschwerend kam hinzu, dass der Landeshaushalt 1992 und das dazugehörige Gemeindefinanzierungsgesetz zunächst keine Erhöhung der Schlüsselzuweisungen für die Landschaftsverbände und Kreise und bei den Gemeinden eine lediglich kleine Steigerung von nur 1,39 % vorsahen. Da eine solche Entwicklung bei Aufstellung der Haushaltspläne nicht vorhersehbar war, musste es in den Gemeinden zu einer Reihe von einschneidenden Maßnahmen kommen.[190] Später wurden zwar die Schlüsselzuweisungen im Gemeindefinanzierungsgesetz 1992 korrigiert, sodass Landschaftsverbände,

189 Vgl. dazu die Haushaltsreden des Stadtkämmerers von Erftstadt in der 9. Sitzg. der 5. WP des Rats, S. 3 f.; in: Protokolle des Rats der Stadt Erftstadt aus der 1.-13. Sitzung der 5. Wahlperiode, 20. Oktober 1988 bis 14. Mai 1991 sowie der CDU-Fraktion (Herr Kohl) vom 14. Januar 1991, S. 4; in: Protokolle des Rats der Stadt Sankt Augustin aus der 4. Wahlperiode, 27. Januar 1988 bis 4. Mai 1988, Niederschrift der Sitzg. vom 14. Januar 1991.

190 Vgl. dazu das dreiseitige Manuskript einer Pressekonferenz des Erftstadter Stadtdirektors zur Haushaltssperre 1991 und zum Haushalt 1992 vom 23. Juli 1991; in: Stadtverwaltung Erftstadt (Hrsg.): Akten des Stadtkämmerers: „Etatreden StK + StD", ab 6. November 1991, Erftstadt 1995.

Kreise und Gemeinden eine Erhöhung von jeweils 3,5 % zu erwarten hatten. Dennoch wurde es allen drei Ebenen schwer, einen ausgeglichenen Haushalt vorzulegen, weil nicht nur bei den Gemeinden, sondern auch bei den Landschaftsverbänden und Kreisen durch die linearen und strukturellen Personalmehrkosten in 1992 Erhöhungen von mehr als 10 % zu verkraften waren.[191]

Die totale Fehleinschätzung der Kosten der deutschen Einheit auf Landes- und Bundesebene ließen auf Gemeindeebene nicht erkennen, wie stark die Einschnitte im Finanzplan sein würden. Erst nach Bekanntwerden des Entwurfs des Gemeindefinanzierungsgesetzes 1992 wurde klar, in welchem Umfang und in welchem Ausmaß die Gemeinden auch in den nächsten Jahren an der Finanzierung der deutschen Einheit beteiligt sein werden. Der zwischen den alten und neuen Bundesländern geschlossene sog. „Umsatzsteuerkompromiss" hatte das Land Nordrhein-Westfalen schon 1991 etwa 2,3 Mrd. DM (1,176 Mrd. €) Mindereinnahmen eingebracht und dazu geführt, dass die Schlüsselzuweisungen 1991 nur um 5,2 % erhöht wurden, obwohl der gemeindliche Anteil am Steuerverbund um 14,2 % gestiegen war.[192]

1992 mussten die Gemeinden Nordrhein-Westfalens über 1 Mrd. DM (0,51 Mrd. €) aufbringen, sodass trotz Erhöhung der Gesamtverbundmasse die Kommunen keine höheren Schlüsselzuweisungen zu erwarten hatten. Eine zusätzliche Belastung trat durch den Wegfall der Aussiedler-Investitionspauschale und die Kürzung der allgemeinen Investitionspauschale um 65 Mio. DM (33,23 Mio. €) ein. Gleichzeitig wurden steuerstarke Gemeinden, die keine Schlüsselzuweisungen erhielten, über ein Solidaritätsausgleichsgesetz in die Finanzierung einbezogen. Ab 1993 hatte über die finanzielle Beteiligung am „Aufschwung Ost" hinaus auch die Änderung des Gewerbesteuergesetzes für die städtischen Haushalte erhebliche Folgen. Die Erhöhung des Freibetrags für das Gewerbekapital ab dem 1. Januar 1993 auf 48.000 DM (24.542 €) und die Änderung der Staffelung beim Gewerbeertrag machten erhebliche Mindereinnahmen aus. Nach Inkrafttreten des Gemeindefinanzierungsgesetzes brachte aber die Verminderung der Gewerbesteuerumlage auf 28 % auf der Ausgabenseite eine kleine Entlastung.[193]

191 Vgl. die Rede des Stadtkämmerers Erftstadts zur 2. Haushaltssperre 1991 vom 18. Juli 1991 in der Sondersitzung des Rats am 5. September 1991, S. 4; in: Stadtverwaltung Erftstadt (Hrsg.): Akten des Stadtkämmerers: „Etatreden StK + StD", ab 6. November 1991, Erftstadt 1995.

192 Vgl. die Zahlen in der Haushaltsrede 1992 des Stadtkämmerers Erftstadts vom 6. November 1991, S. 4; in: Stadtverwaltung Erftstadt (Hrsg.): Akten des Stadtkämmerers: „Etatreden StK + StD", ab 6. November 1991, Erftstadt 1995.

193 Mitteilung des Stadtkämmerers Erftstadts in der 23. Sitzg. der 5. WP des Rats am 19. Mai 1992; in: Protokolle des Rats der Stadt Erftstadt aus der 14.-27. Sitzung der 5. Wahlperiode, 9. Juli 1991 bis 15. Dezember 1992. Vgl. dazu auch die Haushaltsrede des Stadtdirektors Sankt Augustins vom 16. Dezember 1992, S. 2 ff.; in: Protokolle des Rats der Stadt Sankt

In diesen Zeitraum finanzieller Mehrbelastungen der Gemeinden infolge der deutschen Einheit fielen für die Gemeinden politische Entscheidungen, die sie selbst nicht beeinflussen konnten, deren finanzielle Folgen sie aber zusätzlich zu tragen hatten: Das Land verabschiedete ein neues Kindertagesstättengesetz, und der Bund beschloss im Zusammenhang mit der Änderung des § 218 StGB den gesetzlichen Anspruch auf einen Kindergartenplatz. Für beide gesetzgeberischen Maßnahmen mussten und müssen die Gemeinden zusätzlich Milliarden-Beträge aufbringen.

Diese Abläufe zeigen ganz deutlich, dass auf absehbarer Zeit neue Projekte für die Gemeinden nicht möglich erscheinen, sondern dass vielmehr in allen Bereichen mit Kürzungen der gemeindlichen Zuschüsse zu rechnen ist. Das, was an landesplanerischen Zielvorgaben in den Gemeinden in den vergangenen 40 Jahren – aus welchen Gründen auch immer – nicht erreicht werden konnte, wird sich deshalb wohl auch nicht in den nächsten Jahren verwirklichen lassen, wenn sich Bund und Land zu keinen Entlastungen der Gemeinden entschließen können.[194]

Augustin aus der 5. Wahlperiode, 8. Juli 1992 bis 3. März 1993, Anl. z. Niederschrift der Sitzg. vom 16. Dezember 1992.

194 Im Jahr 2017 erhielten Städte, Gemeinden und Kreise nach dem Gemeindefinanzierungsgesetz (GFG-NRW) 2017 insgesamt 10,64 Mrd. € vom Land, was eine Rekordsumme bedeutete: Landesregierung NRW (Hrsg.): Gemeindefinanzierungsgesetz (GFG) 2017, Pressemitteilung vom 27.10.2016, https://www.land.nrw/de/pressemitteilung/2017-erhalten-staedte-gemeinden-und-kreise-1064-milliarden-euro-vom-land-0 (letzter Abruf: 26.2.2024) und das Gemeindefinanzierungsgesetz (GFG-NRW) 2018 brachte noch einmal eine Entlastung von über 1 Mrd. €: Landesregierung NRW (Hrsg.): Gemeindefinanzierungsgesetz (GFG) 2018, Pressemitteilung vom 24.10.2017, https://www.land.nrw/de/pressemitteilung/ministerin-scharrenbach-ueber-eine-milliarde-euro-zusaetzlich-fuer-die-kommunen (letzter Abruf: 26.2.2024).

4 Das Phänomen „Bedrohung der öffentlichen Sicherheit“

In der modernen globalisierten Welt geht Stadtentwicklung über das Regionale automatisch hinaus. Kriminelle und terroristische Bedrohungen sind bei einer modernen Stadtentwicklung unbedingt zu berücksichtigen.

Wenn im demokratischen Rechtsstaat das Spannungsverhältnis zwischen „Sicherheit“ und „Freiheit“ thematisiert wird, stehen regelmäßig staatliche Maßnahmen im Fokus. Denn die individuellen Entfaltungsmöglichkeiten und persönlichen Freiheiten der Menschen werden durch Vorschriften und Maßnahmen, die der Sicherung des inneren und äußeren Friedens dienen, eingeengt. Aber nicht nur der „Staat“ greift in diese Freiheitssphäre ein. Vielmehr sind seinen „Eingriffen“ „Akteure“ zuvorgekommen, die ein friedliches Zusammenleben beeinträchtigen oder sogar verhindern. Denn der Staat reagiert im Wesentlichen nur auf diese Akteure.

In diesem Kapitel wird daher untersucht, wer die Handelnden der öffentlichen Sicherheit außerhalb und innerhalb der Verwaltung sind.

4.1 Die Akteure, die ein friedliches Zusammenleben beeinträchtigen oder sogar verhindern

Zur Gruppe der Akteure, die ein friedliches Zusammenleben beeinträchtigen oder sogar verhindern, gehören grundsätzlich alle Menschen, die gegenüber gewohnheitsmäßig geltenden oder förmlich aufgestellten Regeln ein abweichendes Verhalten zeigen. Denn ein friedliches Zusammenleben kann schon durch kleinste Abweichungen gestört sein, wie die Fülle an Nachbarschaftsstreitigkeiten in Deutschland deutlich macht. Allerdings wird schnell klar, dass nur das Überschreiten bestimmter Niveaus von abweichendem Verhalten (Devianz)[195] im Rahmen der Sicherheitspolitik gemeint sein kann. Insofern kommen nur solche Akteure in Betracht, die notwendigerweise einen staatlichen Sicherheitsapparat erfordern. Dies sind vor allem solche, die Gewaltdelikte begehen. Außerhalb Deutschlands sind dies z. B. Gebiets- und Provinzherrscher, kriminelle Banden und politisch-ideologische Gewalttäter, die den Bereich des internationalen Terrorismus ausmachen.

Im Bereich der Inneren Sicherheit sind bei diesen Akteuren zunächst auf der einen Seite diejenigen zu nennen, die keine politischen, sondern andere Motive – zum Beispiel Bereicherungsabsicht oder Rachsucht – für ihre Tat haben. Von diesen lassen sich auf der anderen Seite Akteure abgrenzen, die

195 Zum Begriff vgl. Böhnisch, Lothar: Abweichendes Verhalten: Eine pädagogisch-soziologische Einführung, 5. Aufl., Beltz, Weinheim 1999; Becker, Howard S.: Outsiders: Studies in the Sociology of Deviance, Free Press; Reissue Edition, 2018.

aus (angeblich) politischen Motiven handeln. Dabei muss der Begriff des „politischen“ Motivs weit ausgelegt werden. Als politisch motivierte Kriminalität werden zurückgehend auf den Beschluss der Ständigen Konferenz der Innenminister und -senatoren des Bundes und der Ländern (IMK) vom 1. Januar 2001 bezeichnet und erfasst: „1. alle Straftaten, die einen oder mehrere Straftatbestände der sog. klassischen Staatsschutzdelikte erfüllen, selbst wenn im Einzelfall eine politische Motivation nicht festgestellt werden kann [...] Als relativ häufig vorkommende Beispiele seien hier Volksverhetzung (§ 130 StGB) und Propagandadelikte (§§ 86, 86a StGB) genannt; aber auch die Bildung einer terroristischen Vereinigung (§ 129a StGB) und Hochverrat (§§ 81, 82 StGB) zählen dazu. 2. im Übrigen aber auch Straftaten, die ebenso in der Allgemeinkriminalität begangen werden können (wie z. B. Tötungs- und Körperverletzungsdelikte, Brandstiftungen, Widerstandsdelikte, Sachbeschädigungen), jedoch nur wenn in Würdigung der gesamten Umstände der Tat und/oder der Einstellung des Täters Anhaltspunkte dafür gegeben sind, dass sie: den demokratischen Willensbildungsprozess beeinflussen sollen, der Erreichung oder Verhinderung politischer Ziele dienen oder sich gegen die Realisierung politischer Entscheidungen richten, sich gegen die freiheitliche demokratische Grundordnung bzw. eines ihrer Wesensmerkmale, den Bestand oder die Sicherheit des Bundes oder eines Landes richten oder eine ungesetzliche Beeinträchtigung der Amtsführung von Mitgliedern der Verfassungsorgane des Bundes oder eines Landes zum Ziel haben, durch Anwendung von Gewalt oder darauf gerichtete Vorbereitungshandlungen auswärtige Belange der Bundesrepublik Deutschland gefährden, sich gegen eine Person wegen ihrer politischen Einstellung, Nationalität, Volkszugehörigkeit, Rasse, Hautfarbe, Religion, Weltanschauung, Herkunft oder aufgrund ihres äußeren Erscheinungsbildes, ihrer Behinderung, ihrer sexuellen Orientierung oder ihres gesellschaftlichen Status richten (sog. Hasskriminalität); dazu zählen auch Taten, die nicht unmittelbar gegen eine Person, sondern im oben genannten Zusammenhang gegen eine Institution oder Sache verübt werden.“[196]

Insgesamt lassen sich also im Wesentlichen drei Akteursgruppen ableiten, die den Rechtsstaat ablehnen und die entweder individuell oder als Gruppe organisiert handeln:

196 Bundesministerium des Innern (Hrsg.): Verfassungsschutzbericht 2010, Berlin 2011, S. 33 f.; vgl. auch Bundesministerium des Innern (Hrsg.): Entwicklung der politisch motivierten Kriminalität im Jahr 2011, Artikel vom 11. Mai 2012, https://www.bmi.bund.de/SharedDocs/Pressemitteilungen/DE/2012/05/politisch-motivierte-kriminalitaet-2011.html (letzter Abruf: 8.1.2013).

- „normale“ *Straftäter*, die allein oder organisiert z. B. Gewaltkriminalität, Beziehungsdelikte, Eigentums- und Vermögensdelikte, Wirtschafts-, Umwelt- und Korruptionsdelikte, Straftaten im Zusammenhang mit Alkohol und Drogen und/oder Straßenverkehrsdelikte begehen;[197]
- politisch motivierte *Verfassungsfeinde* vor allem des extremistischen Lagers, bei dem rechts-, links- oder auch islamistische Bestrebungen sowie sicherheitsgefährdende extremistische Bestrebungen von Ausländern unterschieden werden, sowie
- politisch motivierte *Terroristen*, die gekennzeichnet sind durch eine besonders hohe (zum Teil auch gegen sich selbst gerichtete) Gewaltbereitschaft, die sich gegen Einzelpersonen richtet oder die darauf abzielt, durch Herbeiführung von Katastrophen Chaos zu verbreiten.

Diese drei Akteursgruppen grenzen sich nicht jeweils streng ab, sondern ihre Grenzen sind fließend. Aus Verfassungsfeinden können sich Terroristen entwickeln, beide Gruppen sind immer auch Straftäter.[198] Denn Extremisten fallen ja vor allem durch ihre Gewalttaten auf, und internationale Terrororganisationen wie etwa Al Qaida begehen meist im Vorfeld ihrer geplanten Anschläge auch andere Straftaten, z. B. Urkundsdelikte. Zum Teil ist ferner eine Einordnung der Akteure schwer, wenn es etwa um Hooligans geht, deren Straftaten nach obiger Definition ebenfalls als politisch motiviert eingestuft werden könnten. Alle Straftäter, Verfassungsfeinde und Terroristen stören das friedliche Zusammenleben und greifen illegal, unberechenbar und unkontrolliert in die Freiheitsrechte aller Menschen in Deutschland ein. Dies gilt auch, wenn die Akteure selbst keine Deutschen sind und ihre Taten weltweit im Ausland begehen. Denn aufgrund des Weltrechtsprinzips, das in § 6 StGB verankert ist, können Auslandsstraftaten gegen international geschützte Rechtsgüter – z. B. Piraterie auf den Weltmeeren, die von zunehmender Bedeutung ist, – von einem deutschen Gericht geahndet werden. Auch wenn die Straftäter, Verfassungsfeinde und Terroristen im Einzelfall die Freiheitssphäre „nur“ gefährden, beeinträchtigen sie dennoch die bürgerliche Freiheit, da eben sie den staatlichen „Apparat“ bedingen, der reaktiv in die Freiheitssphäre aller Menschen eingreift.

Immerhin darf der Staat zumindest im Bereich der Inneren Sicherheit in Deutschland nur im Rahmen seiner bürgerlichen Ordnung nach dem Grundgesetz agieren: Seine Vollzugsorgane sind an Recht und Gesetz gebunden (Art. 20 Abs. 3 GG), die Menschen können Grundrechte gegen die (Sicherheits-)An-

197 Vgl. Bundesministerium des Innern / Bundesministerium der Justiz (Hrsg.): Zweiter Periodischer Sicherheitsbericht, Berlin November 2006.

198 Zu den einzelnen Gruppen s. Bundesministerium des Innern (Hrsg.): Verfassungsschutzbericht 2022, Berlin 2023.

sprüche des Staates geltend machen (Art. 93 Abs. 1 Nr. 4a GG). Außerdem steht ihnen der Rechtsweg gegen alle sicherheitspolitischen Maßnahmen der Staatsgewalt offen (Art. 19 Abs. 4 GG[199]). Voraussetzung dafür ist jedoch, dass die Menschen vor allem die staatlichen Akteure kennen, die in ihre Freiheitsrechte eingreifen (können).

4.2 Die Akteure, die zum Netzwerk der Sicherheitspolitik gehören

Tragende Säulen der öffentlichen Sicherheit sind zunächst Polizei, Verfassungsschutz und Katastrophenschutz.[200] Diese sind zum Teil befugt, im rechtsstaatlichen Rahmen unmittelbaren Zwang zur Durchsetzung der Sicherheitspolitik anzuwenden. Tatsächlich stehen diese exekutiven staatlichen Institutionen und Einrichtungen aber nicht allein, sondern sind Teile eines nahezu unüberschaubaren Netzwerks sicherheitspolitischer Akteure.

Nach Art. 20 Abs. 2 Satz 1 GG geht alle Staatsgewalt vom Volke aus. Da diese Staatsgewalt nach Art. 20 Abs. 2 Satz 2, 2. Halbs. GG mittelbar durch besondere Organe der Gesetzgebung, der vollziehenden Gewalt und der Rechtsprechung ausgeübt wird, ergibt sich notwendig daraus, dass das Rechtsetzungs- und Gewaltmonopol des Staates nicht nur den oben genannten Exekutivorganen zukommt, sondern alle drei Gewalten betrifft. Legislative, Exekutive und Judikative beeinflussen sich aber gegenseitig. Denn auch wenn die Exekutivorgane erst aufgrund von bereits erlassenen Gesetzen tätig werden können, haben sie bereits im Vorfeld auf die Institutionen und Einrichtungen, die im weiten Sinne am Gesetzgebungsverfahren beteiligt sind, Einfluss genommen. Ebenso beeinflusst die Judikative mit ihren Entscheidungen die Gesetzgebung, allen voran das Bundesverfassungsgericht. Umgekehrt bleiben die Urteile und Beschlüsse der obersten Gerichte, deren Grundlage die Verfassung und die Gesetze der Legislative sind, nicht unbeeindruckt von der Praxis der Vollziehenden Gewalt.

Über Art. 23, 24, 25 und 59 Abs. 2 GG wird die Verbindung zur Europäischen Union, zum Europarat und anderen internationalen Organisationen wie

199 Vgl. Huber, Peter M.: Kommentierung von Art. 19 GG, in: Huber/Voßkuhle (Hrsg.), v. Mangoldt/Klein/Starck, Grundgesetz-Kommentar Band 1, Präambel · Art. 1-19, 7. Aufl., C.H. Beck, München 2018, S. 1791-1942, Rn. 1-556; hier Rn. 371 ff.; Glaeßner, Gert-Joachim / Lorenz, Astrid: Innere Sicherheit in einem Europa ohne Grenzen, in: Möllers / van Ooyen (Hrsg.), Europäisierung und Internationalisierung der Polizei 1, 3. Aufl., VfP, Frankfurt a.M. 2012, S. 37-59, hier S. 37.

200 Vgl. Lange, Hans-Jürgen: Eckpunkte einer veränderten Sicherheitsarchitektur für die Bundesrepublik – Gutachten; in: Möllers / van Ooyen (Hrsg.), Neue Sicherheit 2: Sicherheitsarchitektur, Frankfurt a.M. 2011, S. 77-119, hier S. 79.

den VN und der NATO eröffnet. Deshalb sind Teil des Netzwerks der sicherheitspolitischen Akteure zum Beispiel auch die internationalen Gerichte, auf supranationaler Ebene der Gerichtshof der Europäischen Union (EuGH) in Luxemburg, international der Europäische Gerichtshof für Menschenrechte (EGMR) des Europarats in Straßburg und schließlich global zum Beispiel der Internationale Strafgerichtshof (IStGH) in Den Haag. Die gegenseitige Abhängigkeit der verschiedenen Organe, Einrichtungen und Institutionen vollzieht sich nicht nur horizontal auf den politischen Ebenen der Länder, des Bundes und der EU, sondern erstreckt sich auch vertikal über diese sicherheitspolitischen Ebenen hinweg und wird durch weitere internationalen Kooperationen ergänzt.

Quelle: Eigene Darstellung

Abb. 16: Das Netzwerk der nichtmilitärischen Akteure der Sicherheitspolitik

Diese aufgezählten Interdependenzen bilden die Grundlage des Netzwerks der nichtmilitärischen Akteure der Sicherheitspolitik, erschöpfen es aber nicht. Denn institutionalisierter Lobbyismus nimmt auch in sicherheitspolitischen Fragen Einfluss. So ist zum Beispiel beim Aufbau von Gesetzesvorlagen der Bundesregierung nach § 47 der Gemeinsamen Geschäftsordnung der Bundesministerien (GGO) nicht nur die Beteiligung der Länder und kommunalen Spitzenverbände vorgesehen, sondern auch „eine rechtzeitige Beteiligung von Zentral- und Gesamtverbänden sowie von Fachkreisen, die auf Bundesebene bestehen“. Diesen Lobbyismus gibt es auch auf EU-Ebene. Hier muss der Wirtschafts- und Sozialausschuss (WSA), der aus Vertretern der Organisationen der Arbeitgeber und der Gewerkschaften sowie der Zivilgesellschaft aus dem sozialen und wirtschaftlichen, staatsbürgerlichen, beruflichen und kulturellen Bereich besteht, in bestimmten Fällen nach Art. 304 AEUV im Gesetzgebungsverfahren angehört werden.[201] An der Politik zur Inneren Sicherheit sind also sehr viele unterschiedliche Akteure beteiligt. Schlüsselt man dieses Gesamtnetzwerk in

201 Knelangen, Wilhelm: Wirtschafts- und Sozialausschuss (WSA), in: Möllers (Hrsg.), Wörterbuch der Polizei, 3. Aufl., C.H. Beck, München 2018, S. 2634.

Einflusssphären auf, lassen sich mit Lange[202] drei abgrenzbare Bereiche erkennen: Staatliche Sicherheitsbehörden, politisch-institutionelles Umfeld und korrespondierendes politisches Umfeld (vgl. Abb. 16, S. 87).

Während die staatlichen Sicherheitsbehörden *unmittelbar* mit ihren Maßnahmen in die Freiheitsrechte der Menschen eingreifen, schaffen die Akteure des politisch-institutionellen Umfelds – ohne in der Regel selbst direkt gegenüber den Bürgerinnen und Bürgern tätig zu werden – dafür die Voraussetzungen. Ihnen gilt daher in Kap. 4.3 zunächst die Aufmerksamkeit. Das korrespondierende politische Umfeld versucht wiederum, auf das politisch-institutionelle Umfeld zur Verfolgung ganz eigener Interessen entsprechend Einfluss zu nehmen. Welche Akteure dies sind, wird daher in Kap. 4.4 untersucht. Nach den Akteuren, welche die Rahmenbedingungen setzen, wendet sich Kap. 4.5 den staatlichen Sicherheitsbehörden zu, die unmittelbar in die Grundrechte der Menschen eingreifen und daher als die eigentlichen Akteure der nichtmilitärischen Sicherheitspolitik gelten.

4.3 Das politisch-institutionelle Umfeld der öffentlichen Sicherheit

Bei den Akteuren des politisch-institutionellen Umfelds handelt es sich um Institutionen, die gegenüber den vollziehenden staatlichen Sicherheitsbehörden Lenkungs- und Koordinierungsaufgaben sowie Kontrollfunktionen wahrnehmen. Aufgaben und Funktionen ergeben sich für die Ebene der EU unmittelbar aus supranationalem und Völkerrecht, für Deutschland aus der Verfassung, die in Art. 1 Abs. 1 Satz 2 GG bestimmt, dass es Verpflichtung aller staatlichen Gewalt ist, die Menschenwürde zu achten und zu schützen, oder aus Gesetz.

Staatsrechtlich sind zunächst auf Bundesebene Bundestag und Bundesrat sowie ihre für die Sicherheitspolitik zuständigen Ausschüsse (insbesondere Innen-, Rechts- und Auswärtiger Ausschuss) zu nennen. Auf Landesebene sind es die gesetzgebenden Landtage mit ihren entsprechenden Ausschüssen. Zuarbeit liefern die Bundestags- und Landtagsfraktionen mit ihren Facharbeitskreisen. Alle zusammen bestimmen auf der Grundlage verfassungsrechtlicher und einfachgesetzlicher Vorgaben die rechtlichen Rahmenbedingungen in den Polizeigesetzen und den Gesetzen für die Nachrichtendienste und Katastrophenschutzbehörden in Bund und Ländern. Die Arbeitsweise der Verfassungsorgane einschließlich ihrer Untergliederungen und Institutionen wird in diesem sicherheitspolitischen Lehrbuch als bekannt vorausgesetzt.

202 Lange, Hans-Jürgen: Innere Sicherheit; in: ders. (Hrsg.), Wörterbuch zur Inneren Sicherheit, Wiesbaden 2006, S. 123-134, hier S. 124 f.

Faktisch stehen aber vor den legislativen Organen, Einrichtungen und Institutionen die Innenministerien in Bund und Ländern als Akteure des politisch-institutionellen Umfelds. Denn sie sind für die Polizei, die Nachrichtendienste und den Katastrophenschutz die vorgesetzten obersten Dienstbehörden. Die Innenministerien sind Teil der Bundes- oder Landesregierung, der nach dem Grundgesetz oder einer Landesverfassung jeweils das Initiativrecht zukommt (vgl. z. B. für den Bund Art. 76 Abs. 1 GG). Sie sind somit federführend an den sicherheitspolitischen Gesetzentwürfen beteiligt. Die Innenminister haben sich ferner in der „Ständigen Konferenz der Innenminister und -senatoren der Länder" (IMK) zusammengeschlossen, in der unter Mitwirkung des BMI zentrale Koordinierungen und (Vor-)Entscheidungen zu Sicherheitsfragen erarbeitet und getroffen werden.

Die Innenministerkonferenz tagt in der Regel zweimal im Jahr, sofern nicht aktuelle politische Entwicklungen oder Gefahrenlagen Sondersitzungen erforderlich werden lassen. Die meisten Themen, welche die Minister und Staatssekretäre in ihren Sitzungen erörtern, werden von ständigen Arbeitskreisen (AK) vorbereitet. Die IMK unterhält auf der administrativen Arbeitsebene sechs Arbeitskreise, die in ihrem Zuschnitt den Geschäftsbereich der Innenressorts abbilden. Eine besondere Funktion hat dabei der AK II „Innere Sicherheit", der unter anderem für Gefahrenabwehr, Bekämpfung des Terrorismus und Angelegenheit der Polizei zuständig ist.[203] Im AK II sind in Unterausschüssen und Untergliederungen u. a. die Themen verankert, die sich mit Einsatz, Technik und Organisation der Polizei auseinandersetzen und auch die Fortschreibung der Polizeidienstvorschriften (PDV) und Leitfäden (LF) betreibt. Ferner gehören in diesen AK II die „Polizeiliche Kriminalprävention der Länder und des Bundes" und die „AG Kripo", in der alle Leiterinnen und Leiter des Bundes- und der Landeskriminalämter zusammenkommen. Ihre Hauptaufgabe besteht darin, die national und international zu koordinierende operative Bekämpfung konkreter Kriminalitätsphänomene zu verabreden.[204] Ähnliche Strukturen gelten für den AK IV „Verfassungsschutz" und den AK V „Feuerwehrangelegenheiten, Rettungswesen, Katastrophenschutz und zivile Verteidigung".[205]

Problematisch ist an diesen Unterausschüssen und Untergliederungen zunächst einmal, dass sie sehr einseitig ausschließlich mit Funktionären aus den

203 Einzelheiten bei Möllers, Martin H. W.: Arbeitskreis Innere Sicherheit; in: ders. (Hrsg.), Wörterbuch der Polizei, 3. Aufl., C.H. Beck, München 2018, S. 160-161.

204 Vgl. Pütter, Norbert: Föderalismus und Innere Sicherheit. Die Innenministerkonferenz zwischen exekutivischer Politik und politisierter Exekutive; in: Lange (Hrsg.), Staat, Demokratie und Innere Sicherheit in Deutschland, Opladen 2000, S. 275-289.

205 Innenministerkonferenz (IMK): Ständige Konferenz der Innenminister und -senatoren der Länder: Aufgaben und Arbeitsweise, Berlin 2019, https://www.innenministerkonferenz.de/IMK/DE/aufgaben/aufgaben-node.html (letzter Abruf: 26.2.2024).

Sicherheitsbehörden besetzt sind und man vergeblich Vertreterinnen oder Vertreter aus z. B. Menschenrechtsorganisationen findet. Darüber hinaus ist zu kritisieren, dass die dort getroffenen Vereinbarungen weitgehend ohne politische Kontrolle zustande gekommen sind und als Vorentscheidungen für die IMK dienen[206], die wiederum ihre Beschlüsse sogar – ohne Aussprache – im schriftlichen Umlaufverfahren fassen kann. Hemmend auf „sicherheitspolitische Begehrlichkeiten“ wirkt sich lediglich aus, dass für die Beschlussfassung der IMK das Einstimmigkeitsprinzip gilt. Das bedeutet, dass keines der 16 Mitglieder *gegen* den Beschluss stimmen darf. Es besteht daher für alle der Zwang, Abstriche an der jeweiligen Maximalposition zugunsten einer von allen getragenen Lösung vorzunehmen. Dieses Konsensprinzip beinhaltet aber auch die Möglichkeit, sich der Stimme zu enthalten und in einer Protokollerklärung seine abweichende Auffassung zum Ausdruck zu bringen. Dieses Erklärungsrecht steht auch dem nicht stimmberechtigten Bund zu.[207]

Weitere Akteure des politisch-institutionellen Umfelds sind die Datenschutzbeauftragten des Bundes und der Länder. Denn Informationsgewinnung und Datenaustausch sind inzwischen national und international die wichtigsten sicherheitspolitischen Maßnahmen geworden. Die Bundesbeauftragte für den Datenschutz und die Informationsfreiheit (BfDI) ist – wie ihre Länderkollegen auf Landesebene – Kontrollorgan nach dem Bundesdatenschutzgesetz (§§ 8-16 BDSG), das die vom Grundgesetz garantierten Persönlichkeitsrechte der Menschen vor Missbräuchen bei der Datenverarbeitung schützen soll. Das Recht auf informationelle Selbstbestimmung nach Art. 2 Abs. 1 i. V. m. Art. 1 Abs. 1 GG garantiert allen Menschen, grundsätzlich selbst über die Preisgabe und Verwendung ihrer Daten zu bestimmen.[208] Jeder darf selbst entscheiden, wann und innerhalb welcher Grenzen eigene persönliche Lebenssachverhalte offenbart werden.[209] Ob dies jedoch immer gewährleistet ist, muss angesichts von „Lauschangriffen“[210], „Rasterfahndungen“[211] und „Staatstrojanern“[212] be-

206 Groß, Hermann: Innenministerkonferenz; in: Lange (Hrsg.), Wörterbuch zur Inneren Sicherheit, VS Verlag für Sozialwissenschaften, Wiesbaden 2006, S. 120-123.

207 IMK, Aufgaben und Arbeitsweise, a. a. O. (Fn. 205).

208 Bundesbeauftragte für den Datenschutz und die Informationsfreiheit (BfDI): Informationsfreiheitsgesetz des Bundes. Text und Erläuterungen, Bonn, Mai 2018; s. auch: BfDI: 31. Tätigkeitsbericht für den Datenschutz und die Informationsfreiheit 2022, Bonn 2023.

209 BVerfGE 65, 1 – Volkszählungsurteil; vgl. Möllers, Martin H. W.: Volkszählungsurteil; in: ders. (Hrsg.), Wörterbuch der Polizei, 3. Aufl., C.H. Beck, München 2018, S. 2533-2535.

210 Vgl. Neubert, Carl-Wendelin: Klarheit für Überwachungsprogramme zum Schutz vor Terror und Schwerstkriminalität – Das Urteil des EGMR in Sachen Big Brother Watch und die Folgen, RuP 4/2018, S. 434-437.

211 Jahn, Matthias: Strafprozessuale Perspektiven auf eine ausgewogene Sicherheitsarchitektur: Zehn Thesen, JBÖS 2018/19, S. 123-134.

212 BVerfGE 120, 274; vgl. Kutscha, Martin: Online-Durchsuchung; in: Möllers (Hrsg.),

zweifelt werden. Aufgabe des Datenschutzes ist es deshalb, alle Menschen vor unbegrenzter Erhebung, Speicherung, Verwendung und Weitergabe ihrer persönlichen Daten zu bewahren. Dies wurde auch in jüngeren Urteilen des Bundesverfassungsgerichts zur Online-Durchsuchung, zur automatisierten Erfassung von Kfz-Kennzeichen und zur Vorratsdatenspeicherung nachdrücklich bestätigt.[213]

Die/der BfDI wird auf Vorschlag der Bundesregierung durch den Deutschen Bundestag mit der Mehrheit der Stimmen für fünf Jahre gewählt und vom Bundespräsidenten ernannt. Sie/er steht in einem öffentlich-rechtlichen Amtsverhältnis zum Bund ohne verbeamtet zu sein. Bei der Ausübung des Amtes sind BfDI unabhängig und nur dem Gesetz unterworfen. Die Rechtsaufsicht hat die Bundesregierung; die Dienstaufsicht liegt beim Bundesministerium des Innern, für Bau und Heimat. Aufgabe ist es, Regierung und Parlament in Gesetzgebungsverfahren datenschutzrechtlich zu beraten, den Umgang der Behörden des Bundes mit personenbezogenen Daten zu kontrollieren und diesen Behörden Empfehlungen zur Verbesserung des Datenschutzes zu geben. Alle Bürgerinnen und Bürger, die sich durch öffentliche Stellen des Bundes in ihren Datenschutzinteressen verletzt fühlen, können sich auch vertraulich an die BfDI wenden, da diese ein Zeugnisverweigerungsrecht haben. Festgestellte Datenschutzverstöße können die BfDI anzeigen und Betroffene hierüber informieren.

Sanktionsmöglichkeiten haben die BfDI nicht. Sie können nur auf Problemfelder im Zusammenhang mit dem Brief-, Post- und Fernmeldegeheimnis nach Art. 10 GG und dem Allgemeinen Persönlichkeitsrecht nach Art. 2 Abs. 1 i. V. m. Art. 1 Abs. 1 GG hinweisen, die durch die Legislative, Exekutive und – eingeschränkt – Judikative entstanden sind oder entstehen. Dennoch haben BfDI und die Datenschutzbeauftragten der Länder einen erheblichen Einfluss auf die Verwaltungspraxis und die Gesetzgebung gewonnen. Dies liegt nicht zuletzt daran, dass die BfDI alle zwei Jahre dem Bundestag einen Tätigkeitsbericht erstatten, der veröffentlicht wird. In ihm nimmt u. a. auch ein Kapitel zur Inneren Sicherheit und der Entwicklung der Sicherheitsarchitektur weiten Raum ein.[214]

Wörterbuch der Polizei, 3. Aufl., C.H. Beck, München 2018, S. 1596-1597.

213 Vgl. dazu Bull, Hans Peter: Grundsatzentscheidungen zum Datenschutz bei den Sicherheitsbehörden: Rasterfahndung, Online-Durchsuchung, Kfz-Kennzeichenerfassung und Vorratsdatenspeicherung in der Rechtsprechung des Bundesverfassungsgerichts; in: Möllers / van Ooyen, Bundesverfassungsgericht und Öffentliche Sicherheit, 6. Aufl., VfP, Frankfurt a. M. 2023, S. 63-93.

214 BfDI, 31. Tätigkeitsbericht 2022, a. a. O. (Fn. 208).

Schließlich sind auch noch die Ausbildungsstätten für die Führungskräfte der staatlichen Sicherheitsbehörden von Relevanz, da hier das Personal berufsspezifisch sozialisiert wird. Zu nennen sind die Deutsche Hochschule der Polizei (DHPol), an der Angehörige des höheren Dienstes aller Polizeien in Bund und Ländern ihren zweijährigen Masterstudiengang zum „Master of Public Administration – Police Management“ absolvieren, sowie die (Fach-)Hochschulen für öffentliche Verwaltung in Bund und Ländern, die im Bachelorstudiengang das Führungspersonal bei der Polizei, den Nachrichtendiensten, Verfassungsschutzbehörden und für den Katastrophenschutz ausbilden und die im Regelfall federführend vom Innenressort und nicht von den Bildungsministerien gelenkt werden.

Alle genannten Institutionen und Einrichtungen sind supranational (EU) und international mit den Akteuren des politisch-institutionellen Umfelds verflochten. Sie werden auf allen Ebenen durch die Akteure des korrespondierenden politischen Umfelds beeinflusst.

4.4 Das korrespondierende politische Umfeld der öffentlichen Sicherheit

Die Akteure des korrespondierenden politischen Umfelds können nicht auf direkte verfassungsrechtlich oder gesetzlich verankerte Beziehungen zu den unmittelbar handelnden staatlichen Sicherheitsbehörden aufbauen. Bei ihnen kommt es vielmehr darauf an, welche Durchsetzungsstrategien sie verfolgen und welche Ergebnisse sie im Einzelnen tatsächlich erzielen (können), da es verschiedene Einflussfaktoren gibt, welche die jeweiligen Akteure nicht (immer) selbst bestimmen können.

In erster Linie sind in diesem Zusammenhang die Berufsverbände bis hin zu Dachverbänden auf EU-Ebene zu nennen. Vor allem die Polizei hat eine starke Lobby: Es gibt mehrere Polizeigewerkschaften, wie z. B. die Gewerkschaft der Polizei (GdP), die Mitglied im Deutschen Gewerkschaftsbund DGB ist, oder die Deutsche Polizeigewerkschaft (DPolG) im Deutschen Beamtenbund (DBB). Der Bund deutscher Kriminalbeamter (BDK) gehört keiner dachgewerkschaftlichen Organisation an. Auf europäischer Ebene ist Dachverband der GdP die European Confederation of Police (EuroCop), der insgesamt 34 Polizeigewerkschaften aus 21 Ländern (Januar 2019) angehören (https://eurocop.org). Berufsverbände anderer Berufe im sicherheitspolitischen Bereich haben kein so großes Netzwerk, sind aber ebenfalls nicht ohne Einfluss. Zu nennen sind etwa der Deutsche Feuerwehrverband e. V. (DFV) und die Verbände des privaten Sicherheitsgewerbes, z. B. der Bundesverband Deutscher Detektive e. V. (BDD) im Bund internationaler Detektive e. V. (BID), der Bundesverband Deutscher Wach- und Sicherheitsunternehmen e. V. (BDWS) und die Bundesvereinigung Deutscher Geld- und Werttransportunternehmen e. V. (BDGW). Auch die übrige Sicherheitswirtschaft mit ihren Verbänden versucht über ihre Lobbyisten Einfluss zu nehmen, da sie auf „Outsourcing" von öffentlichen Sicherheitsaufgaben in die Privatwirtschaft drängt.

Besser als alle anderen Akteure kann die Polizei ihren (gewerkschaftlichen) Einfluss geltend machen, was nicht nur daran zu erkennen ist, dass ihre Organisationen in Bund und den Ländern eine im Vergleich mit anderen Bereichen des öffentlichen Dienstes beispiellose Ausstattung an Personal und Sachmitteln hat. Die Tätigkeit der Polizei wird oft höher bewertet als die vergleichbarer anderer Bereiche des öffentlichen Dienstes. Den „einfachen Dienst" gibt es im Polizeivollzugsdienst gar nicht mehr, der „mittlere Dienst" ist auf dem Rückzug und in manchen Ländern schon abgeschafft. Polizeiliche Tätigkeiten beginnen überwiegend ab Kommissar/in. Wer noch im mittleren Dienst ist, hat – teilweise mehrfach – die Chance, bei vollem Gehalt den Aufstieg in den gehobenen Dienst zu absolvieren. Das liegt vor allem daran, dass Polizeibeamte in Deutschland den für sicherheitspolitische Gesetzentwürfe zuständigen Innenressortchefs „beratend" nahekommen, da alle Innenministerien eine Polizeiabteilung unterhalten, in denen insbesondere Polizeivollzugsbeamte beschäftigt sind.

Weitere Akteure des korrespondierenden politischen Umfelds sind die politischen Parteien, die sicherheitspolitische Programme entwickeln und diese im politischen System umzusetzen versuchen. Sie nutzen dazu die Medien; aufgrund dieser Transmissionsfunktion als auch aufgrund ihres eigenständigen Akteurscharakters müssen die Medien daher zum korrespondierenden politischen Umfeld gerechnet werden. Gerade die überregionalen Medien aus dem Print- und Rundfunkbereich, aber auch die Sozialen Netzwerke des Internets, berichten mehr oder weniger kritisch über die Entwicklungen auf dem Feld der Sicherheitspolitik und wirken auf diese Weise auf die staatlichen Sicherheitsbehörden ein.

Nicht zu unterschätzen sind außerdem wissenschaftliche Forschungsinstitute, die mit öffentlichen und privaten Drittmitteln (z. B. auch aus Finanztöpfen von Parteien) anwendungsorientierte Forschung im Bereich der öffentlichen Sicherheit durchführen.[215]

Über die sonstige Weitergabe von Erfahrungen und Erkenntnissen auf nationaler und internationaler Ebene findet ebenfalls Einflussnahme auf die staatlichen Sicherheitsbehörden statt. Denn Nachrichten werden in allen für die polizeiliche Aufgabenerfüllung wesentlichen Bereichen ausgetauscht. Sie beziehen sich z. B. auf die Aus- und Fortbildung, die kriminal- und nachrichtentech-

215 Lange, Hans-Jürgen: Sicherheitsbegriff, erweiterter; in: ders. (Hrsg.), Wörterbuch zur Inneren Sicherheit, VS Verlag für Sozialwissenschaften, Wiesbaden 2006, S. 287-292.

nische Ausstattung oder auch auf die neuesten Forschungsergebnisse der wissenschaftlichen Disziplinen, die für den schutz- und kriminalpolizeilichen Berufsalltag benötigt werden. Angesichts des internationalen Terrorismus haben sich unüberschaubar viele internationale Kooperationen gebildet, zu denen neben den schon genannten weitere internationale Akteure des politisch-institutionellen Umfelds zu zählen sind, die auf den Gebieten der Kriminaltechnik, des Erkennungsdienstes und der Datenverarbeitung entstanden bzw. entstehen und bei denen in regelmäßig stattfindenden Arbeitstagungen und Kongressen Nachrichtenaustausch betrieben wird. Als Beispiel sei etwa CEPOL – European Police College zu nennen, eine 2005 von der EU gegründete Agentur, die für Polizeibeamte Fortbildungsveranstaltungen durchführt und Forschungen betreibt (https://www.cepol.europa.eu). Wie weit allerdings der Einfluss dieser Organisationen des korrespondierenden politischen Umfelds tatsächlich geht, lässt sich konkret nicht ermitteln, zumal verschiedene Einflusssphären zumindest aus aktuellem Anlass ähnlich gelagert sind. Zum Beispiel werden Parteivertreter, die den Katalog polizeilicher Maßnahmen erweitern oder einzelne Maßnahmearten der Polizei, die diese schon anwenden darf, intensivieren wollen, kaum auf Widerstände bei den Polizeigewerkschaften stoßen. Im Wesentlichen liegt das daran, dass – auch fälschlicherweise – angenommen wird, die horizontale und/oder vertikale Erweiterung des Maßnahmenkatalogs wirke erleichternd auf Arbeit und Erfolg. Als Beispiele seien nur die immer wieder geführten Debatten zur *Vorrats*datenspeicherung (z. B. DNA-Datenbanken), die für Telekommunikations- und andere Daten nach wie vor aktuell ist[216], und zur Aufhebung des absoluten Folterverbots[217] genannt. Teilweise treten Parteipolitiker und Polizeigewerkschafter zusammen in den Medien auf.[218]

Lässt sich nicht konkret ermitteln, wie weit der Einfluss der Akteure des korrespondierenden politischen Umfelds tatsächlich geht, findet erst recht keine Kontrolle statt. Dagegen unterliegen die Akteure der staatlichen Sicher-

216 Vgl. Szuba, Dorothee: Vorratsdatenspeicherung: Der europäische und deutsche Gesetzgeber im Spannungsfeld zwischen Sicherheit und Freiheit, Nomos, Baden-Baden 2011.

217 Vgl. Brunkhorst, Hauke: Die Folterdebatte des repressiven Liberalismus, JBÖS 2004/05, S. 21-28; Lembcke, Oliver W. / Van Klink, Bart M. J. / Weber, Florian: Zwischen „Ausnahmezustand“ und „Autoimmunisierung“. Antiterror-Politik im Licht dezisionistischer, deliberativer und dekonstruktivistischer Politiktheorien; in: Möllers / van Ooyen (Hrsg.), Neue Sicherheit 1: Theorie der Sicherheit, VfP, Frankfurt a. M. 2011, S. 95-117, hier S. 115-117; Bull, Grundsatzentscheidungen zum Datenschutz bei den Sicherheitsbehörden, a. a. O. (Fn. 213), S. 67 ff.

218 Möllers, Martin H. W.: Der Einfluss der Staatsrechtslehre auf die Rechtsprechung des Bundesverfassungsgerichts bei der Abwägung der Menschenwürde; in: van Ooyen / Möllers (Hrsg.), Handbuch Bundesverfassungsgericht im politischen System, 2. Aufl., Springer VS, Wiesbaden 2015, S. 587-625, hier S. 596 Fn. 42.

heitsbehörden, um die es im Folgenden gehen wird, einer parlamentarischen und gesellschaftlichen Kontrolle.

4.5 Die Behörden des staatlichen Gewaltmonopols zur Wahrung der öffentlichen Sicherheit

Die Akteure der staatlichen Sicherheitsbehörden gehören zum politisch-administrativen System. Gerade sie sind aufgrund der Verfassung und durch Organe der demokratischen Willensbildung legitimiert, das staatliche Gewaltmonopol auf rechtsstaatlicher Grundlage exekutiv auszuüben, wobei ihnen auch die Anwendung von unmittelbarem Zwang zusteht.[219] Im Mehrebenensystem der Sicherheitspolitik gibt es staatliche Sicherheitsbehörden nicht nur bundesstaatlich organisiert in Deutschland, sondern auch auf der Ebene der EU. Sie werden im Kapitel „Sicherheitspolitik in internationalen Institutionen" zusammen mit den „internationalen Sicherheitsbehörden" bei NATO und VN behandelt.

In Deutschland sind nach dem Grundgesetz (Art. 30, 70-74 GG) in erster Linie die Bundesländer zuständig staatliche Sicherheitsbehörden einzurichten; allerdings hat auch der Bund nach Art. 87 GG eine Ermächtigung für eigene Sicherheitsbehörden. An erster Stelle innerhalb des Systems staatlicher Sicherheitsbehörden sind die Polizeien der Länder und des Bundes zu nennen, da sie gegen Menschen unmittelbaren Zwang ausüben und damit u. a. in die Grundrechte des Rechts auf Leben und körperliche Unversehrtheit sowie Freiheit der Person nach Art. 2 Abs. 2 GG eingreifen dürfen.

4.5.1 Die Sonderpolizeien des Bundes

Nach der bundesstaatlichen Ordnung des Grundgesetzes ergibt sich die Bundeskompetenz vor allem aus Art. 73 und 74 GG, welche die ausschließliche und konkurrierende Gesetzgebung des Bundes bestimmen. Nach Art. 73 Nr. 10 a) GG wird die Zusammenarbeit von Bund und Ländern in der Kriminalpolizei vor allem durch das Bundeskriminalamt (BKA) vollzogen. Der Bund hat im Rahmen der bundeseigenen öffentlichen Verwaltung eine begrenzte Polizeigewalt. Neben den bekannten bundespolizeilichen Einrichtungen, wie dem BKA und der Bundespolizei (BPOL), haben polizeiliche Aufgaben auf Bundesebene aber auch das Luftfahrtbundesamt, die Zollverwaltung sowie die Strom- und Schifffahrtspolizei für die Bundeswasserstraßen (nicht identisch mit der Wasserschutzpolizei der Länder). Außerdem übt der Präsident des Deutschen Bundestages als ordentliche Polizeibehörde gemäß Art. 40

219 Lange, Innere Sicherheit, a. a. O. (Fn. 202), S. 123 f.

Abs. 2 GG im Gebäude des Bundestages nicht nur das Hausrecht, sondern auch die ausschließliche Polizeigewalt aus. Schließlich ist die gerichtliche Sitzungspolizei, die ebenso für die obersten Bundesgerichte gilt, eine Polizeigewalt eigener Art.[220]

4.5.2 Die Polizeien der Länder

Bei den Ländern untergliedert sich der Polizeivollzugsdienst (PVD) in die uniformierte Schutzpolizei sowie die meist zivil auftretende Kriminalpolizei. Als Dienststellen unterhalten die Länder die Landespolizei, ein Landeskriminalamt (LKA) und die als Verband organisierte Bereitschaftspolizei, die insbesondere für Großeinsätze benötigt wird. Die Einsatzfähigkeit der Bereitschaftspolizei wird vom Inspekteur der Bereitschaftspolizeien der Länder (IBPdL) als Beauftragter des Bundesinnenministers überwacht. Innerhalb der Landespolizei können besondere Dienststellen für bestimmte sachliche Dienstbereiche gebildet werden. Das sind z. B. die Verkehrspolizei, die Autobahnpolizei und die Wasserschutzpolizei (WSP), die schifffahrtspolizeiliche Vollzugsaufgaben nach der Bund-Länder-Vereinbarung im Küstenmeer sowie in den inneren und Binnengewässern der Länder wahrnimmt.

Die Schutzpolizei ist der Teil der uniformierten Vollzugspolizei, der die Vollzugsaufgaben im Allgemeinen Polizeivollzugsdienst wahrnimmt, soweit nicht die genannten besonderen Organisationseinheiten zuständig sind. Zu ihren Aufgaben im Regeldienst gehören z. B. die Gefahrenabwehr durch Posten- und Streifendienst, die Verkehrslenkung und -überwachung, die Verfolgung von Ordnungswidrigkeiten und der erste Zugriff bei der Verfolgung von Straftaten.

Die Kriminalpolizei ist ebenfalls Teil des Polizeivollzugsdienstes. Ihre Hauptaufgabe bildet die Verbrechensbekämpfung, die aber auch von den anderen Polizeikräften teilweise wahrgenommen wird. Zuständig ist die Kriminalpolizei insbesondere für solche Aufgaben der Verbrechensbekämpfung, die besondere Kenntnisse erfordern, wie z. B. bei der Spurensuche und Spurensicherung. Außerdem hält sie spezielle Ressourcen vor, z. B. die Kriminaltechnischen Untersuchungsstellen und Nachrichtensammelstellen. Die Kriminalpolizei wird daher hauptsächlich für die Verfolgung besonderer Deliktsgruppen eingesetzt: Tötungsdelikte, Staatsschutzdelikte, Drogendelikte, Falschgelddelikte, Sexualdelikte, Brandstiftung und vergleichbare Delikte, Raub und Erpressung, Straftaten der Wirtschaftskriminalität, illegaler Waffenhandel, qualifizierter Diebstahl oder auch Glücksspiel. Bei herausragenden Maßnahmen der Verbrechensbekämpfung werden für eine zeitlich bestimmte Dauer Sonderkommissionen gebildet.

220 Huzel, Erhard: Sitzungspolizei; in: Möllers (Hrsg.), Wörterbuch der Polizei, 3. Aufl., C.H. Beck, München 2018, S. 2076-2077.

Spezialisierte überörtliche Dienststellen mit kriminalpolizeilichen Aufgaben sind die Landeskriminalämter (LKÄ) und das BKA.

Durch Landesgesetz oder Bundesgesetz bestimmt sind Polizeibeamtinnen und Polizeibeamte zugleich Ermittlungspersonen der Staatsanwaltschaft (§ 152 Abs. 2 GVG, z. B. i. V. m. § 12 Abs. 5 BPolG) und mit besonderen Befugnissen ausgestattet.[221]

4.5.3 Die Staatsanwaltschaften in Bund und Ländern

Staatsanwaltschaften sind auf Landesebene nur den Land- (LG) und Oberlandesgerichten (OLG) zugeordnet. Bei den Amtsgerichten (AG) bestehen keine eigenständigen Staatsanwaltschaften. Entsprechende Aufgaben nehmen sog. Amtsanwälte, die ausschließlich hier agieren, sowie Staatsanwälte des örtlich zuständigen Landgerichts wahr. Bei den Landgerichten sind Staatsanwälte tätig, bei den Oberlandesgerichten meist Oberstaatsanwälte und der Generalstaatsanwalt. Auf Bundesebene wird das Amt der Staatsanwaltschaft beim Bundesgerichtshof (BGH) vom Generalbundesanwalt (GBA) und den ihm nachgeordneten Bundesanwälten ausgeübt.

Die Staatsanwaltschaften werden durch die Polizei vor allem im Ermittlungsverfahren unterstützt. Diese wird im Rahmen ihrer strafverfolgenden Tätigkeit quasi als „verlängerter Arm" der zuständigen Staatsanwaltschaft tätig und unterliegt deren Weisungsgewalt (§§ 152 GVG, 161 StPO). Zu den staatsanwaltlichen Aufgaben gehören regelmäßig Anordnungen, die einem Richtervorbehalt unterliegen und in die Grundrechte der Betroffenen eingreifen (Abb. 17, S. 98).

Die konkrete Ausgestaltung des Zusammenwirkens von Staatsanwaltschaft und Polizei wird in erster Linie durch die gesetzlichen Vorschriften und die zusätzlich bundeseinheitlich geltenden Richtlinien für das Strafverfahren und das Bußgeldverfahren (RiStBV) bestimmt. Ergänzt werden sie durch Verwaltungsanordnungen und Verwaltungsvereinbarungen, die auf lokaler, regionaler oder landesweiter Ebene die Zusammenarbeit optimieren sollen. Sie wirken sich auf die praktischen Arbeitsstrukturen bei der Strafverfolgung erheblich aus.[222] Es geht dabei nicht nur um einen umfassenden Informationsaustausch, sondern die Staatsanwältin oder der Staatsanwalt schalten sich schon zu Beginn der Ermittlungen in die unmittelbare Fallaufklärung ein und stimmen die Verfahrenstaktik und die einzelnen Ermittlungsschritte konkret ab.[223]

221 Kastner, Martin: Ermittlungspersonen der Staatsanwaltschaft (StA); in: Möllers (Hrsg.), Wörterbuch der Polizei, 3. Aufl., C.H. Beck, München 2018, S. 686-687.

222 Kastner, Martin: Staatsanwaltschaft (StA); in: Möllers (Hrsg.), Wörterbuch der Polizei, 3. Aufl., C.H. Beck, München 2018, S. 2141-2142.

223 Vgl. z. B. Nrn. 3. und 4. der Richtlinie über die Zusammenarbeit von Staatsanwaltschaft und

Kasten 1: Staatsanwaltliche, in Grundrechte eingreifende Anordnungen (Auswahl)

- zur erkennungsdienstlichen Behandlung,
- zur vorläufigen Festnahme, zur Untersuchungshaft und einstweiliger Unterbringung,
- zur Vorführung und Verhaftung von Beschuldigten, Zeugen und Sachverständigen sowie Verfahrensstörern,
- zur körperlichen Untersuchung und zur Durchsuchung bei Beschuldigten oder Zeugen,
- zur Überwachung der Telekommunikation und polizeilicher Beobachtung sowie zum Einsatz technischer Mittel,
- zu Beschlagnahme und Sicherstellung von Gegenständen,
- zur Postbeschlagnahme, Vermögensbeschlagnahme und zum Arrest,
- zur vorläufigen Entziehung der Fahrerlaubnis,
- zum Betreten und Durchsuchen von Wohnungen und Räumen,
- zur (Raster-)Fahndung nach Personen und Sachen,
- zu Datenabgleichen,
- zur Errichtung von Kontrollstellen oder
- zur Sicherheitsleistung und zum vorläufigen Berufsverbot.

Quelle: Eigene Darstellung

Abb. 17: Staatsanwaltliche, in Grundrechte eingreifende Anordnungen

Weitere Ermittlungsbeamte, die der Staatsanwaltschaft zuarbeiten, sind auf Landesebene zum Beispiel Angehörige der Steuer- bzw. der Zollfahndung (§ 404 AO; § 21 Abs. 3 AWG, § 37 Abs. 3 MOG), Förster und Forstbetriebsbeamte, bestätigte Jagdaufseher, sofern sie Berufsjäger oder forstlich ausgebildet sind (§ 25 Abs. 2 BJagdG), Beamte der Veterinär- und Lebensmittelüberwachungsverwaltung, Bedienstete der Fischereiverwaltung und Beamte der Bergverwaltung im Bergbau (§ 148 Abs. 2 BBergG). Außer diesen als „verlängerter Arm" der zuständigen Staatsanwaltschaft tätigen Ermittlungspersonen hat der Bund weitere Sicherheitsbehörden mit sonderpolizeilichen Befugnissen eingerichtet.

4.5.4 Sicherheitsbehörden des Bundes mit sonderpolizeilichen Befugnissen

Polizei im materiellen Sinne ist die Zollfahndung. Sie stellt die Kriminalpolizei des Zolls dar. Behörden des Zollfahndungsdienstes (ZFd) sind das Zollkriminalamt (ZKA) als Direktion der Generalzolldirektion (GZD) und Oberbehörde gem. § 1 Nr. 2 FVG und die Zollfahndungsämter (ZFÄ) als örtliche Behörden gem. § 1 Nr. 3 FVG (§ 1 ZFdG). Das ZKA mit Sitz in Köln ist die Zentralstelle für den Zollfahndungsdienst und darüber hinaus eine der Zentralstellen für das

Polizei bei der Verfolgung der Organisierten Kriminalität, Gem. RdErl. d. MJ u. d. MI v. 20.5.2016 – 23.2-12334/4 (Nds. MBl. Nr. 24/2016, 665).

Auskunfts- und Nachrichtenwesen der Zollverwaltung (§ 2 ZFdG). Der Zollfahndungsdienst ermittelt im speziellen Bereich der mittleren, schweren und organisierten Kriminalität. Sie ist Polizei im materiellen Sinne. Es gibt insgesamt 25 Außenstellen als örtliche Behörden. Die acht Fahndungsämter haben ihren Sitz in Berlin, Dresden, Essen, Frankfurt am Main, Hamburg, Hannover, München und Stuttgart. Über 3.200 Zollfahnder führen als Ermittlungspersonen der Staatsanwaltschaft (§ 26 Abs. 1 ZFdG, § 404 AO) Strukturermittlungen durch, u. a. bei Steuerstraftaten, Außenwirtschaftsverstößen, international organisierter Geldwäsche oder Verstößen gegen Verbote und Beschränkungen im grenzüberschreitenden Warenverkehr. In besonders bedeutenden Fällen können Ermittlungen auch vom ZKA selbst durchgeführt werden. Ihm obliegt in diesen Fällen die Durchführung von erkennungsdienstlichen Maßnahmen nach § 81b StPO auch zur Vorsorge für künftige Strafverfahren.[224]

Von zunehmender Bedeutung ist das in Bonn ansässige Bundesamt für Sicherheit in der Informationstechnik (BSI), das 1991 eingerichtet wurde, weil mit der rasanten Fortentwicklung der Informationstechnik nicht nur in fast allen Bereichen des Alltags neue IT-Anwendungen entstehen, sondern weil sich damit auch immer neue Sicherheitslücken auftun. Das BSI soll die Gesellschaft vor Computerversagen, -missbrauch oder -sabotage schützen. In § 3 BSIG ist die Aufgabenvielfalt in 18 Einzelpunkten beschrieben. Sie reicht von der Abwehr von Gefahren für die Sicherheit der Informationstechnik des Bundes, indem das BSI z. B. Informationen für Sicherheitsrisiken und -vorkehrungen sammelt und auswertet, über die Herstellung von Schlüsseldaten und den Betrieb von Krypto- und Sicherheitsmanagementsystemen für informationssichernde Systeme des Bundes, die u. a. im Bereich des staatlichen Geheimschutzes Verwendung finden, bis hin zur Unterstützung der Polizeien und Strafverfolgungsbehörden, des Bundesnachrichtendienstes und der Verfassungsschutzbehörden, die bei der Beobachtung terroristischer Bestrebungen oder nachrichtendienstlicher Tätigkeiten anfallen.[225]

Das Bundesamt für Güterverkehr (BAG) mit Sitz in Köln ist eine 1994 errichtete Bundesoberbehörde, die im Geschäftsbereich des Bundesministerium für Verkehr und digitale Infrastruktur (BMVI) steht. Es überwacht die Einhaltung des Fahrpersonalrechts, insbesondere der Lenk- und Ruhezeiten und ist auch zuständig für die diesbezüglichen Bußgeldverfahren einschließlich der Erhebung von Sicherheitsleistungen gegen ausländische Betroffene. Seit 2009 überwacht das BAG auch die Einhaltung der Erlaubnis- und Ausweispflicht

224 Müller, Volker: Zollfahndung; in: Möllers (Hrsg.), Wörterbuch der Polizei, 3. Aufl., C.H. Beck, München 2018, S. 2678.

225 Müller, Volker: Bundesamt für Sicherheit in der Informationstechnik (BSI); in: Möllers (Hrsg.), Wörterbuch der Polizei, 3. Aufl., C.H. Beck, München 2018, S. 418.

beim Führen von Kraftfahrzeugen zur Straßengüterbeförderung sowie des Fahrverbots an Sonn- und Feiertagen und der Ferienreiseverordnung.[226]

Das Bundesverwaltungsamt (BVA) in Köln ist eine selbstständige Bundesoberbehörde im Geschäftsbereich des BMI. Es nimmt die ihm übertragenen zentralen Verwaltungsaufgaben des Bundes wahr. Für die öffentliche Sicherheit, insbesondere im Zusammenhang mit dem internationalen Terrorismus, spielt das BVA deshalb eine besondere Rolle, weil es das Ausländerzentralregister führt. Das BVA nutzt und verwaltet die Daten des Ausländerzentralregisters im Auftrag und nach Weisung des Bundesamtes für Migration und Flüchtlinge (BAMF). Es führt ferner das Aufnahmeverfahren für Aussiedlerinnen und Aussiedler durch und bestimmt, welches Bundesland Betroffene aufzunehmen hat.[227]

4.5.5 Sonstige Bundeseinrichtungen mit sicherheitspolitischen Aufgaben

Die drei genannten Sicherheitsbehörden des Bundes mit sonderpolizeilichen Befugnissen sind jedoch nicht die einzigen, sondern es existieren im Amtsbereich der verschiedenen Bundesministerien weitere Einrichtungen mit sicherheitspolitischen Aufgaben (Abb. 18, S. 101).

Diese umfängliche, aber immer noch unvollständige Aufzählung von Akteuren der staatlichen Sicherheitsbehörden verdeutlicht, dass das Netzwerk für die meisten Menschen faktisch unüberschaubar ist. Noch schemenhafter bleiben die Befugnisse, die in unterschiedlicher Weise den Mitarbeiterinnen und Mitarbeitern dieser genannten Behörden das Recht einräumen, in Freiheitsrechte einzugreifen und ihre Maßnahmen und Erkenntnisse in Datenbanken zu speichern. Das gespeicherte Material wird mehr und mehr durch Gesetzesänderungen auch zur Grundlage polizeilichen Handelns.

226 Heid, Daniela A.: Bundesamt für Güterverkehr (BAG); in: Möllers (Hrsg.), Wörterbuch der Polizei, 3. Aufl., C.H. Beck, München 2018, S. 414.

227 Kastner, Martin: Bundesverwaltungsamt (BVA); in: Möllers (Hrsg.), Wörterbuch der Polizei, 3. Aufl., C.H. Beck, München 2018, S. 462.

Bundesministeriums des Innern und für Heimat (BMI)
- Bundesamt für Migration und Flüchtlinge (BAMF),
- Statistisches Bundesamt Deutschland (SBD), das Kriminalstatistiken führt,
- Bundesanstalt Technisches Hilfswerk (THW);

Bundesministerium für Digitales und für Verkehr (BMDV)
- Bundesamt für Seeschifffahrt und Hydrografie (BSH);
- Kraftfahrt-Bundesamt (KBA) , welches das Verkehrszentralregister führt,
- Eisenbahn-Bundesamt (EBA);
- DFS Deutsche Flugsicherung GmbH = Bundesanstalt für Flugsicherung,
- Luftfahrt-Bundesamt (LBA),

Bundesministerium für Gesundheit (BMG)
- Bundesamt für Sera und Impfstoffe (Paul-Ehrlich-Institut, PEI),
- Bundesinstitut für Arzneimittel und Medizinprodukte (BfArM),
- Robert Koch-Institut (RKI), das insbesondere für die Bekämpfung von Infektionskrankheiten zuständig ist;

Bundesministerium für Umwelt, Naturschutz, nukleare Sicherheit und Verbraucherschutz (BMUV)
- Bundesamt für Strahlenschutz (BfS);
- Umweltbundesamt (UBA),

Bundesministerium der Justiz (BMJ)
- Bundesamt für Justiz (BfJ),
- Generalbundesanwalt (GBA),
- Deutsches Patent- und Markenamt (DPMA), das eine Schiedsstelle nach dem Gesetz über Arbeitnehmererfindungen unterhält;

Bundesministerium der Finanzen (BMF)
- Generalzolldirektion (GZD),
- Bundesanstalt für Finanzdienstleistungsaufsicht (BaFin),
- Bundeszentralamt für Steuern (BZSt);

Bundesministerium für Ernährung und Landwirtschaft (BMEL)
- Bundesamt für Verbraucherschutz und Lebensmittelsicherheit (BVL),
- Bundesinstitut für Risikobewertung (BfR),
- Bundesforschungsinstitut für Tiergesundheit (Friedrich-Loeffler-Institut, FLI);

Bundesministerium für Wirtschaft und Energie (BMWK)
- Bundesnetzagentur (BNetzA),
- Bundeskartellamt (BKartA),
- Bundesanstalt für Materialforschung und -prüfung (BAM),
- Bundesamt für Wirtschaft und Ausfuhrkontrolle (BAFA),
- Physikalisch-Technische Bundesanstalt (PTB).

Abb. 18: Bundeseinrichtungen mit sicherheitspolitischen Aufgaben (Auswahl)

4.6 Gefahrenabwehr und Strafverfolgung bei Polizei und Staatsanwaltschaft

Hauptaufgabe der Polizei in Bund und Ländern ist die *Gefahrenabwehr*. Dabei wird die Polizei im Rahmen unaufschiebbarer Maßnahmen auch tätig, wenn die Gefahrenabwehr durch andere Behörden, die gesetzlich zuständig wären, nicht oder nicht rechtzeitig möglich erscheint. Dies gilt insbesondere für die

Ordnungsverwaltung, die z. B. an Wochenenden – wenn überhaupt – nur einen Notdienst unterhält und daher nicht erreichbar ist. In anderen Fällen, z. B. bei der Anwendung unmittelbaren Zwangs, ist die Polizei den anderen Behörden zur Vollzugshilfe verpflichtet. Die Länder regeln die Polizeiorganisation und erlassen allgemeine Polizeigesetze. Dem Bund steht dieses nur ausnahmsweise für seine Sonderpolizeien zu. Während die Polizeiorganisation bei Bund und Ländern größere Verschiedenheiten aufweist, stimmt das Recht des polizeilichen Handelns weitgehend überein. Ausgangspunkt ist der 1975 von der Innenministerkonferenz verabschiedete (erste) „Musterentwurf eines einheitlichen Polizeigesetzes des Bundes und der Länder“.[228]

Alle Polizeibehörden und die Staatsanwaltschaften sind im Informationssystem der Polizei (INPOL) vernetzt, das sich im Laufe der Jahre zu INPOL-neu 5.0 weiterentwickelt hat. Zugriff mit Eingabe und Abruffunktion haben inzwischen außer den Zollbehörden in ihrer Funktion als Grenzpolizei und dem Zollkriminalamt auch das Auswärtige Amt und alle Behörden, die vollzugspolizeiliche Aufgaben zu erfüllen haben (§ 11 V BKAG). INPOL-neu 5.0 ist eine sehr umfangreiche Datenbank zur Personen- und Sachfahndung.[229] In ihr sind Daten zu Kriminalaktennachweisen, erkennungsdienstlichen und Haftdateien sowie zu DNA-Dateien gesammelt. Ferner befinden sich darin Daten aus verschiedenen Spurendokumentationssystemen sowie Arbeits- und Recherchedateien. Außerdem besteht die Vernetzung auch zu anderen Datenbanken, z. B. zum Schengener Informationssystems (SIS), zum Zentralen Verkehrs-Informationssystem (ZEVIS), zum Ausländerzentralregister (AZR) und zum Europol Informationssystem (EIS). Das System ist grafikfähig und kann Bilddateien von Personen wiedergeben. Schon 2003 wurde die Meldetätigkeit dezentralisiert auf die einzelnen Beamten, sodass mehr als 300.000 Terminals angeschlossen sind. Dieser große Kreis von Personen, die Daten erfassen und abfragen können, birgt die Gefahr unberechtigter Zugriffe in sich. Die Gefahr wird durch den hohen Umfang von erhobenen und verknüpfbaren Daten zusätzlich verstärkt.[230]

Die Staatsanwaltschaften sind die nach dem Gesetz (vgl. §§ 152, 160, 161, 163 StPO) zur *Strafverfolgung* berufenen Behörden. Sie haben im Strafverfah-

228 Borsdorff, Anke: Musterentwurf eines einheitlichen Polizeigesetzes (ME PolG); in: Möllers (Hrsg.), Wörterbuch der Polizei, 3. Aufl., C.H. Beck, München 2018, S. 1509-1510 m. w. N.

229 Möllers, Martin H. W.: INPOL-neu-5.0; in: ders. (Hrsg.), Wörterbuch der Polizei, 3. Aufl., C.H. Beck, München 2018, S. 1135-1136.

230 So schon Khan, Aurangzeb: Der Einsatz der Informations- und Kommunikationstechnik im Rahmen der Verbrechensbekämpfung in Deutschland am Beispiel des Bundeskriminalamtes, Peter Lang Verlag, Frankfurt a. M. 2004; Mittendorf, Volker: INPOL; in: Lange (Hrsg.), Wörterbuch zur Inneren Sicherheit, VS Verlag für Sozialwissenschaften, Wiesbaden 2006, S. 134-136.

ren auf Grundlage des Legalitätsprinzips die Verfahrensherrschaft und das Anklagemonopol. Dazu obliegen ihr auch Vollstreckungsaufgaben (vgl. § 451 StPO), soweit nicht die Gerichte, die Justizvollzugsanstalten (JVA) oder andere Stellen für Entscheidungen bzw. Maßnahmen im Rahmen der Strafvollstreckung zuständig sind. Die Staatsanwaltschaften sind hierarchisch aufgebaute Justizbehörden (§§ 141 ff. GVG), die jedoch auf Grund ihrer Mitwirkung an der Rechtspflege zumindest partiell auch der Rechtsprechenden Gewalt zugeordnet werden. Sie nehmen deshalb eine Art Brückenstellung zwischen Exekutive und Judikative ein. Anders als die Polizeien, die jeweils dem Innenministerium zugeordnet sind, unterliegen die Staatsanwaltschaften auf Grund ihrer Rechtsstellung als (Justiz-)Behörde der Weisungsgewalt und Dienstaufsicht des jeweiligen Justizministeriums.

Zur Unterstützung bei Gefahrenabwehr und Strafverfolgung stehen der Staatsanwaltschaft und der Polizei eine Reihe von zentralen Registern als Datenbanken zur Verfügung, von denen die wichtigsten das Bundeszentralregister und das Ausländerzentralregister als Instrumente für die Innere Sicherheit sind.

4.7 Die Zentralregister als Instrumente für die Innere Sicherheit

Im staatlichen Sicherheitssystem werden verschiedene zentrale Register geführt, in denen personenbezogene Daten gesammelt und ausgewertet werden. Neben dem Verkehrszentralregister (VZR), dem Internationalen Seeschifffahrtsregister (ISR) und weiteren Registern, die alle für gefahrenabwehrende und strafverfolgende Sicherheitsaufgaben genutzt werden, spielen sicherheitspolitisch vor allem das Bundeszentralregister (BZR) und das Ausländerzentralregister (AZR) eine besondere Rolle.

Seit 1.1.2007 führt das Bundesamt für Justiz (BfJ) das Bundeszentralregister[231], das alle Gerichte und Behörden verpflichtet, dem BZR die einzutragenden Entscheidungen, Tatsachen und Feststellungen mitzuteilen. Zudem können auch Suchvermerke ins Register eingetragen werden. Im *Strafregister* sind deutsche sowie durch ausländische Gerichte ergangene strafgerichtliche Verurteilungen eingetragen (§§ 54-58 BZRG). Letztere ergeben sich z. B. bei Auslandstaten deutscher Staatsangehöriger sowie solcher „Ausländer“, die in Deutschland geboren oder dort wohnhaft sind. Weitere Eintragungen betreffen Entscheidungen über Strafaussetzung oder -erlass, Bewährungszeiten, Aussetzen des Strafrestes, Vollstreckung, Freispruch oder Einstellung wegen Schuldunfähigkeit, Ausweisungen, Abschiebungen, Ausreiseverbote, Versagung und Entziehung eines Passes, Verbote der Ausübung von Berufen, Ablauf von Sper-

231 Hase, Peter: Bundeszentralregistergesetz. Kommentar, 2. Aufl., C.H. Beck, München 2014.

ren für die Erteilung einer Fahrerlaubnis, Steckbriefe und Suchvermerke sowie Namensänderungen. Erfasst ist im BZR auch das Strafregister der Deutschen Demokratischen Republik (§§ 64a u. 64b BZRG), aus dem aber alle Einträge entfernt wurden, die mit rechtsstaatlichen Grundsätzen unvereinbar sind. Aus dem BZR sind der Polizei und anderen Strafverfolgungsbehörden, Gerichten, obersten Bundes- und Landesbehörden sowie Verfassungsschutz-, Einwanderungs-, Ausländer- und Gnadenbehörden unter den Voraussetzungen der §§ 41-44a BZRG unbeschränkte Auskünfte zu erteilen. Grundsätzlich verstößt die Bekanntgabe von Vorstrafen, die im Strafregister getilgt sind, gegen das in Art. 2 Abs. 1 i. V. m. Art. 1 Abs. 1 GG verankerte Allgemeine Persönlichkeitsrecht des Betroffenen. Liegt aber ein überwiegendes öffentliches Interesse an der Mitteilung von getilgten Vorstrafen vor, ist im Einzelfall die öffentliche Wiedergabe zulässig.[232]

Das Ausländerzentralregister soll zur Kriminalitätsbekämpfung beitragen. In ihm sind deshalb nicht nur Informationen über im Bundesgebiet wohnende Personen mit Migrationshintergrund[233] gesammelt, sondern auch über solche, die sich nicht nur vorübergehend im Bundesgebiet aufhalten. Neben diesen Informationen werden auch die Daten gespeichert, die für den Aufenthalt relevant sind. Darüber hinaus sind alle Personen mit Migrationshintergrund erfasst, die Adressat ausländerrechtlicher Maßnahmen waren und mit einer deutschen Behörde in Kontakt getreten sind, z. B. in Form der Aufenthaltsablehnung, der Ausweisung, der Abschiebung oder des Einreisebedenkens. Beantragen Ausländerinnen und Ausländer ein Visum im Ausland, beginnt für sie die ausländerrechtliche Überwachung: Ihre persönlichen Daten werden für die nächsten zehn Jahre gespeichert, selbst wenn eine Einreise nach Deutschland gar nicht erfolgt. Zugriff auf diese Daten haben nicht nur alle Polizeien und alle Nachrichtendienste, sondern zum Beispiel auch die Träger der Sozialhilfe, die Bundesagentur für Arbeit und die Behörden der Zollverwaltung. Es lässt sich erkennen, dass die Masse an Datensätzen, die alle von Menschen irgendwann eingegeben werden, und der inzwischen unüberschaubare Kreis der Zugriffsberechtigten ein erhebliches Fehlerpotenzial in sich trägt.

232 Kastner, Martin: Bundeszentralregister (BZR); in: Möllers (Hrsg.), Wörterbuch der Polizei, 3. Aufl., C.H. Beck, München 2018, S. 466-467.

233 Zum Begriff vgl. Möllers, Martin H. W.: Einführung: Bemerkungen zur amtlichen Definition des Begriffs „Migrationshintergrund“; in: ders. / van Ooyen (Hrsg.), Migration: Bedingungen, Formen, Steuerung, 2. Aufl., VfP, Frankfurt a. M. 2013, S. 15-24.

4.8 Die Nachrichtendienste in Bund und Ländern und ihre Strukturen

Das „Gesetz über die Zusammenarbeit des Bundes und der Länder in Angelegenheiten des Verfassungsschutzes und über das Bundesamt für Verfassungsschutz" – kurz: Bundesverfassungsschutzgesetz (BVerfSchG) – regelt die Errichtung und die Aufgaben von Verfassungsschutzbehörden in Bund und Ländern. Für die Zusammenarbeit mit den Ländern unterhält der Bund ein Bundesamt für Verfassungsschutz (BfV) als Oberbehörde des Bundes, das dem Bundesministerium des Innern untersteht, aber keiner polizeilichen Dienststelle angegliedert sein darf. Jedes Bundesland unterhält ebenfalls eine Behörde, die Verfassungsschutzangelegenheiten bearbeitet (§ 2 BVerfSchG). Die Verfassungsschutzbehörden dürfen zur Erfüllung ihrer Aufgaben grundsätzlich die erforderlichen Informationen einschließlich personenbezogener Daten erheben, verarbeiten und nutzen, soweit nicht die Datenschutzgesetze des Bundes oder der Länder oder sonstige Vorschriften dem entgegenstehen. Dafür dürfen die Verfassungsschutzbehörden auch Methoden, Mittel und Instrumente zur heimlichen Informationsbeschaffung anwenden. Dazu gehören zum Beispiel

- der Einsatz von Vertrauenspersonen und Informanten,
- Observationen,
- Bild- und Tonaufzeichnungen für das Abhören von Wohnungen („Lauschangriff"),
- die Verwendung von Tarnmitteln wie Tarnpapiere und Tarnkennzeichen.

Diese Instrumentarien stehen dem Militärischen Abschirmdienst (MAD) sowie dem Bundesnachrichtendienst (BND) ebenfalls zu.[234] Der MAD ist zwar der Geheimdienst der Bundeswehr und untersteht dem Bundesministerium der Verteidigung (BMVg). Da er aber die gleichen Aufgaben wahrnimmt wie das BfV, soweit sich diese Bestrebungen gegen Personen, Dienststellen oder Einrichtungen im Geschäftsbereich des BMVg richten oder von Personen ausgehen, die diesem Geschäftsbereich angehören, ergibt sich daraus auch eine zivile Dimension. Denn zur Erfüllung ihrer Aufgaben arbeiten MAD und die Behörden des Verfassungsschutzes des Bundes und der Länder, BfV und LfV, zusammen (§ 3 Abs. 1 MADG). Diese Zusammenarbeit gilt auch für den BND, den Auslandsnachrichtendienst der Bundesrepublik Deutschland, der dem Bundeskanzleramt untersteht.[235] Trotz dieser Zusammenarbeit konnten jedoch

234 Löffelmann, Markus: Heimliche Ton- und Bildaufzeichnungen; in: Dietrich / Eiffler (Hrsg.), Handbuch des Rechts der Nachrichtendienste, Boorberg, Stuttgart 2017, S. 1093-1259.

235 Gusy, Christoph: Nachrichtendienste in der sicherheitsbehördlichen Kooperation – Verfas-

beispielsweise die rechtsterroristischen Morde des „Nationalsozialistischen Untergrunds“ (NSU) nicht verhindert und erst spät Ende 2011 vor dem Hintergrund des Selbstmords zweier Verdächtiger aufgeklärt werden. Die Ursachen dafür wurden in Untersuchungsausschüssen des Deutschen Bundestags und einiger Landesparlamente analysiert.[236]

Aufgabe der Verfassungsschutzbehörden ist die Sammlung und Auswertung von Informationen, vor allem sach- und personenbezogene Auskünfte, Nachrichten und Unterlagen über Bestrebungen, die gegen die freiheitliche demokratische Grundordnung (FdGO) oder den Bestand oder die Sicherheit des Bundes oder eines Landes gerichtet sind. Überwacht werden Personen oder Organisationen, die eine ungesetzliche Beeinträchtigung der Amtsführung der Verfassungsorgane des Bundes oder eines Landes oder ihrer Angehörigen zum Ziele haben, ferner solche Organisationen, die sicherheitsgefährdende oder geheimdienstliche Tätigkeiten in Deutschland für eine fremde Macht betreiben oder auswärtige Belange der Bundesrepublik Deutschland gefährden. Außerdem wirken die Verfassungsschutzbehörden im Rahmen des Sicherheitsüberprüfungsgesetzes (SÜG) bei der Sicherheitsüberprüfung von Personen mit, die Zugang zu geheimhaltungsbedürftigen Tatsachen und Gegenständen oder Erkenntnissen haben (können). In einigen Bundesländern (z. B. Bayern und Thüringen) wurde die Aufgabe der Verfassungsschutzbehörden auf die Beobachtung von Bestrebungen und Tätigkeiten der Organisierten Kriminalität ausgeweitet. Die gegenseitige Unterrichtung der Verfassungsschutzbehörden erfolgt über das Nachrichtendienstliche Informationssystem (NADIS). Über die Ergebnisse ihrer Tätigkeiten geben die Verfassungsschutzbehörden jährlich einen Verfassungsschutzbericht heraus.[237]

Der BND sammelt zur Gewinnung von Erkenntnissen über das Ausland, die von außen- und sicherheitspolitischer Bedeutung für die Bundesrepublik Deutschland sind, die erforderlichen Informationen und wertet sie aus. Im Vordergrund steht der internationale Terrorismus, Proliferation von ABC-Waffen, Organisierte Kriminalität, Geldwäsche, illegale Migration und „Information Warfare“. Der MAD hat die gleichen Aufgaben der Sammlung und Auswertung von Informationen, insbesondere von sach- und personenbezogenen Auskünften, Nachrichten und Unterlagen, von Informationen über Bestrebungen, die gegen die FdGO, den Bestand oder die Sicherheit des Bundes oder eines

sungsrechtliche Grundlagen und gesetzliche Grundfragen; in: Dietrich / Eiffler (Hrsg.), Handbuch des Rechts der Nachrichtendienste, Boorberg, Stuttgart 2017, S. 349-395.

236 Möllers, Martin H. W. / van Ooyen, Robert Chr.: NSU-Terrorismus: Ergebnisse der parlamentarischen Untersuchungsausschüsse und Empfehlungen für die Sicherheitsbehörden, 2. Aufl., Frankfurt am Main 2018.

237 Siems, Thomas: Datenübermittlung in der sicherheitsbehördlichen Kooperation; in: Dietrich / Eiffler (Hrsg.), Hb. des Rechts der Nachrichtendienste, Boorberg, Stuttgart 2017, S. 1423-1495.

Landes gerichtet sind, wenn sich diese Bestrebungen gegen Personen, Dienststellen oder Einrichtungen im Geschäftsbereich des Verteidigungsministeriums richten oder von Personen ausgehen, die diesem Geschäftsbereich angehören. Ferner werden Informationen über sicherheitsgefährdende oder geheimdienstliche Tätigkeiten in Deutschland für eine fremde Macht gesammelt und ausgewertet, soweit die Bundeswehr betroffen ist. Er wirkt bei der Sicherheitsüberprüfung von Bundeswehrangehörigen mit und ist seit 2004 auch für die Abschirmung der deutschen Kontingente während besonderer Auslandsverwendungen der Bundeswehr oder bei humanitären Maßnahmen zuständig.[238]

Aufgrund des Trennungsgebots zwischen den Nachrichtendiensten und der Polizei – und im Unterschied zu einer „Geheimpolizei“ – verfügen alle genannten Nachrichtendienste über keine polizeilichen Zwangsbefugnisse. Sie dürfen keiner Polizeidienststelle angegliedert werden oder die Polizei im Wege der Amtshilfe um Maßnahmen ersuchen, zu denen sie selbst nicht befugt sind. Die geheimdienstliche Tätigkeit wird durch Sondergremien und Bundestagsausschüsse, insbesondere das Parlamentarische Kontrollgremium (PKG), den sog. „Ständigen Bevollmächtigten“ und durch das in Art. 10 Abs. 2 GG abgesicherte, sog. „G 10-Verfahren“ kontrolliert.[239] Bei Eingriffen in das Brief-, Post- und Fernmeldegeheimnis nach Art. 10 Abs. 1 GG findet die Kontrolle außerdem als Ersatz für den üblichen Rechtsweg nach Art. 19 Abs. 4 GG durch die „G 10-Kommission“ statt, die normalerweise nicht aus Abgeordneten besteht, sondern aus acht Persönlichkeiten, die das Vertrauen der Bundestagsfraktionen besitzen.[240] Inwieweit eine echte Kontrolle der Nachrichtendienste ausgeübt wird, bleibt angesichts „aufgedeckter“ Fälle (z. B. NSU, NSA) allerdings fraglich.[241]

Eine wesentliche Aufgabe der genannten Geheimdienste ist es, Anschläge zu verhindern, die Katastrophen auslösen können. Daher sind in die zivile Sicherheitspolitik auch die Katastrophenschutzbehörden des Bundes und der Länder involviert, die im Folgenden betrachtet werden.

238 Gusy, Christoph: Organisation und Aufbau der deutschen Nachrichtendienste; in: Dietrich / Eiffler (Hrsg.), Handbuch des Rechts der Nachrichtendienste, Boorberg, Stuttgart 2017, S. 297-347, hier S. 331 ff., 338 ff., 342 ff.

239 Möllers, Martin H. W.: Parlamentarisches Kontrollgremium (PKG); in: ders. (Hrsg.), Wörterbuch der Polizei, 3. Aufl., C.H. Beck, München 2018, S. 1638-1639; Bartodziej, Peter: Parlamentarische Kontrolle; in: Dietrich / Eiffler (Hrsg.), Handbuch des Rechts der Nachrichtendienste, Boorberg, Stuttgart 2017, S. 1533-1606.

240 Bartodziej, Parlamentarische Kontrolle, a. a. O. (Fn. 239), S. 1588 ff.

241 Bartodziej, Parlamentarische Kontrolle, a. a. O. (Fn. 239), S. 1533 ff.

4.9 Katastrophenschutzbehörden von Bund und Ländern sowie das Bundesamt für Bevölkerungsschutz und Katastrophenhilfe (BBK)

Der Begriff „Katastrophenschutz“ bezeichnet die Gesamtheit aller Maßnahmen des Bundes, der Länder und der Gemeinden zur Abwehr von Gefahren, die sich aus einer Katastrophe im weiten Sinn ergeben. Eine Katastrophe definiert sich als besonderes Geschehen, durch welches das Leben, die Gesundheit oder die lebenswichtige Versorgung einer Vielzahl von Personen oder erhebliche Sachwerte gefährdet bzw. wesentlich beeinträchtigt werden und zu dessen Abwehr oder Schadensbegrenzung der koordinierte Einsatz verfügbarer Kräfte und Mittel erforderlich ist.[242] Daraus ergibt sich, dass nicht nur die – angesichts des Klimawandels zunehmenden – Naturkatastrophen (z. B. Hochwasser, Tornados) darunter fallen, sondern auch fahrlässig verursachte oder vorsätzlich herbeigeführte schwere Unglücke.[243]

4.9.1 Die Katastrophenschutzbehörden von Bund und Ländern

Der Katastrophenschutz ist grundsätzlich Ländersache und wird in den Katastrophenschutzgesetzen (KatSG) mit unterschiedlichem Regelungsgehalt und unterschiedlicher Regelungstiefe geregelt. Nur im Verteidigungsfall nach Art. 115a-115l GG wird der Katastrophenschutz zum Zivilschutz und richtet sich dann nach dem Gesetz über den Zivilschutz und die Katastrophenhilfe des Bundes (Zivilschutz- und Katastrophenhilfegesetz [ZSKG]). Die Verpflichtung zur Katastrophenhilfe nicht nur aller Länder-, sondern auch aller Bundesbehörden und Einrichtungen (einschließlich Bundeswehr) ergibt sich aus Art. 35 Abs. 2 Satz 2 GG. Der Katastrophenschutz ist ein Organisationsprinzip für eine Vielzahl von Aufgabenträgern, Einsatzkräften und allen anderen Akteuren, die zur Gefahrenabwehr bei einer Großschadenslage zum Einsatz kommen können und zentral geleitet werden (Abb. 19, S. 109).[244]

242 Fehn, Karsten: Katastrophenschutz; in: Möllers (Hrsg.), Wörterbuch der Polizei, 3. Aufl., C.H. Beck, München 2018, S. 1233-1234; Möllers, Martin H. W.: Katastrophenschutz; in: Lange (Hrsg.), Wörterbuch zur Inneren Sicherheit, Wiesbaden 2006, S. 144-150, hier S. 144.

243 Vgl. dazu Möllers, Martin H. W.: Sicherheit statt Bürgerrecht? – Risikowahrnehmung und die Balance zwischen Bürgerfreiheit und Wahrung öffentlicher Sicherheit bei Katastrophenereignissen; in: Siedschlag (Hrsg.), Jahrbuch für europäische Sicherheitspolitik 2008, Baden-Baden 2008, S. 97-111, hier S. 99.

244 Rachor, Frederik / Roggan, Fredrik: Organisation der Sicherheitsbehörden und Geheimdienste in Deutschland; in: Bäcker, Matthias / Denninger, Erhard / Graulich, Kurt (Hrsg.), Lisken/Denninger: Handbuch des Polizeirechts: Gefahrenabwehr – Strafverfolgung – Rechtsschutz, 6. Aufl., C.H. Beck, München 2018, S. 161-216, Rn. 1-184, hier Rn. 154.

Die konkret für den Einzelfall im Katastrophenschutz zuständige Behörde kann Männer und Frauen im Alter zwischen 18 und 60 Jahren verpflichten, bei der Bekämpfung der besonderen Gefahren und Schäden Hilfe zu leisten, wenn die vorhandenen Kräfte im Einsatzfall nicht ausreichen. Das gilt nach § 28 Abs. 1 ZSKG auch im Verteidigungsfall. Soweit Aufgabenträger und Einsatzkräfte im Katastrophenschutz eingesetzt sind, kommen ihnen hoheitliche Aufgaben zu. Auf Grund der zunehmenden terroristischen Bedrohungen sowie Naturkatastrophen wurde zur Unterstützung des Krisenmanagements der Länder seit dem 1. Mai 2004 das Bundesamt für Bevölkerungsschutz und Katastrophenhilfe (BBK) in Bonn als Bundesoberbehörde im Geschäftsbereich des BMI errichtet.

Behördliche Aufgabenträger

- Feuerwehr und Rettungsdienst,
- Bundesanstalt Technisches Hilfswerk,
- Bundeswehr,
- Bundespolizei,
- Polizeien mehrerer Bundesländer,
- in betroffenen Ländern stationierte *ausländische* Streitkräfte (zur vorläufigen Festnahme, zur Untersuchungshaft und einstweiliger Unterbringung);

Unternehmer-Einsatzkräfte

- Speditions- und Baufirmen,
- Hersteller/Lieferanten von Kühl- oder Wärmeaggregaten und Zelten,
- Versorgungs- und Busunternehmen;

Hilfsorganisationen

- Deutsches Rotes Kreuz e. V. (DRK),
- Arbeiter-Samariter-Bund Deutschland e. V. (ASB),
- Deutscher Feuerwehrverband e. V. (DFV),
- Malteser Hilfsdienst e. V. und gGmbH (MHD),
- Johanniter-Unfall-Hilfe e. V. (JUH),
- Deutsche Lebens-Rettungs-Gesellschaft e. V. (DLRG),
- Deutsche Gesellschaft zur Rettung Schiffbrüchiger (DGzRS),
- Deutsche Gesellschaft für KatastrophenMedizin e. V. (DGKM).

Abb. 19: Aufgabenträger und Einsatzkräfte im Katastrophenschutz (Auswahl)

4.9.2 Das Bundesamt für Bevölkerungsschutz und Katastrophenhilfe (BBK)

Das BBK ist zentrales Organisationselement für den zivilen Bevölkerungsschutz und versteht sich – neben Polizei, Bundeswehr und Nachrichtendiensten – als vierte Säule im nationalen Sicherheitssystem, vor allem gegen den „neuen Feind“ des internationalen Terrorismus.[245] Das BBK, das in Verwaltungsge-

245 Vgl. Atzbach, Rudolf L.: Das neue Bundesamt für Bevölkerungsschutz und Katastrophen-

meinschaft mit dem Bundesverwaltungsamt (BVA) steht, hat eine Reihe bilateraler Hilfeleistungsabkommen mit europäischen Staaten abgeschlossen. Seine internationalen Beziehungen reichen bis zur NATO und zu den VN. Eng ist die Zusammenarbeit mit der EU.[246]

hilfe (BBK), JBÖS 2004/05, S. 331-334, hier S. 332.

246 So schon Weber, Wolfgang: Die internationalen Beziehungen des Bundesamtes für Bevölkerungsschutz und Katastrophenhilfe (BBK); JBÖS 2004/05, S. 505-511, hier S. 506 f.

Das Jahr 2020 brachte der Welt – ausgehend von der Millionenstadt Wuhan in China – das Corona-Virus (SARS-CoV-2 oder COVID-19).[247] Jedes Jahr kehrt saisonbedingt eine Influenza, eine Virusgrippe, wieder, die zumeist in regional begrenzten Epidemien auftritt. Das Krankheitsbild von COVID-19 besteht aus einem allgemeinen schweren Krankheitsgefühl, bei dem Betroffene hohe Temperatur um die 40°C haben und unter Kopf- und Gliederschmerzen leiden. Insbesondere bei chronisch kranken und alten Menschen über 60 Jahre kann diese Erkrankung sogar zum Tode führen.[248]

COVID-19 entwickelte sich weltweit zu einer Pandemie: Auf allen Kontinenten brach die Krankheit aus und brachte viele Tote. In Deutschland wurden Veranstaltungen abgesagt sowie Kindertagesstätten und Schulen bis zum Ende der Osterferien schon Mitte März geschlossen. Weltweit wurden Tausende Menschen bis hin zu Regierungschefs in Quarantäne geschickt, Tausende Flüge gestrichen, Grenzen verriegelt, Einreiseverbote erteilt und die Aktienindizes rutschten in den Keller. Stand der DAX am 14. Februar 2020 noch auf 13.744 Punkten, fiel er bis zum 12. März 2020 auf 9.161 Punkte.[249]

Im März 2020 öffnete der türkische Staatspräsident, der in Syrien einen Krieg gegen die Kurden angefochten hatte, die Grenzen nach Europa, um Flüchtlinge als Instrument zur Erpressung der Europäischen Union (EU) zu missbrauchen. Er ließ Hunderte Menschen mit Bussen an die Grenzen zu Europa verfrachten.[250]

COVID-19 und ein neues, von der türkischen Regierung vorsätzlich ausgelöstes Flüchtlingsdrama brachte in Europa somit eine besondere Problemlage, die in Deutschland auch Auswirkungen auf kommunale Planungen hatte. Schließlich kam am 24. Februar 2022 der brutale Überfall der russischen Armee auf die Ukraine hinzu.[251] Und am 10. Oktober 2023 griff überraschend die

247 Robert Koch Institut (Hrsg.): Abschlussbericht: Wirksamkeit und Wirkung von anti-epidemischen Maßnahmen auf die COVID-19-Pandemie in Deutschland (StopptCOVID-Studie), Berlin 20.7.2023, https://www.rki.de/DE/Content/InfAZ/N/Neuartiges_Coronavirus/Projekte_RKI/StopptCOVID-Bericht.pdf?__blob=publicationFile (letzter Abruf: 27.2.2024).

248 Bundesärztekammer (Hrsg.): Influenza-Pandemie, Berlin o. D., https://www.bundesaerztekammer.de/aerzte/versorgung/notfallmedizin/influenza-pandemie (letzter Abruf: 27.2.2024).

249 Finanztreff GmbH (Hrsg.): Kursdaten, Berlin 13.3.2020, https://www.finanztreff.de/kurse_einzelkurs_uebersicht.htn?i=8987458 (letzter Abruf: 24.3.2020).

250 Weber, Alexander: Erdogan öffnet Grenzen für Flüchtlinge: Jetzt darf sich die EU nicht erpressen lassen, Merkur.de vom 3.3.2020, https://www.merkur.de/politik/tuerkei-griechenland-syrien-erdogan-oeffnet-grenzen-fluechtlinge-eu-13568222.html (letzter Abruf: 27.2.2024).

251 Bundeszentrale für politische Bildung: Situation in der Ukraine: 10 Jahre Majdan und 2 Jahre Angriffskrieg, Reihe „kurz&knapp“ vom 27.2.2014, https://www.bpb.de/kurz-knapp/taegliche-dosis-politik/545895/ukraine-10-jahre-majdan-und-2-jahre-russischer-angriffskrieg/#:~:text=

Hamas Israel an. Seitdem ist dort ebenfalls Krieg.[252] Alle diese Ereignisse wirken sich unmittelbar auch in Deutschland aus, weil Krankenhäuser überlastet werden, mehr Flüchtlinge ins Land kommen, die beherbergt werden müssen, und Unterstützungsmaßnahmen für die Opfer der Angriffskriege notwendig werden. Die darauffolgenden Maßnahmen bringen „Lebensrisiken", welche die „Freiheit" beschränken und den Staat und die Kommunen Maßnahmen ergreifen lassen, die der „Sicherheit" dienen sollen.

5.1 Das „Lebensrisiko" und die Interdependenz von „Freiheit" und „Sicherheit"

Gibt es noch eine Erinnerung an den langen Winter 2009/2010 in ganz Europa, der erhebliche Schnee- und Eismassen, von der Außenwelt abgeschnittene Orte und Inseln sowie eine große Zahl an leichten und schweren Unglücksfällen produzierte? Dieser Winter markierte maßgeblich das „Lebensrisiko" der Menschen. Denn zum einen wirkten die winterlichen Folgen allein aufgrund der permanenten Rutsch- und Sturzgefahr direkt physisch auf den Körper ein, zum anderen verstärkten Schneefälle und Frost die damals vorhandene Wirtschaftskrise und behinderten eine ökonomische Erholung. Darüber hinaus wurde die Öffentlichkeit während des gesamten Winters durch medial inszenierte und hysterische Risikoprognosen bezüglich einer Schweinegrippe-Pandemie weltweit in Atem gehalten.[253] In Deutschland hatte vor allem das Berliner Bundesinstitut für Infektionskrankheiten und nicht übertragbare Krankheiten (Robert-Koch-Institut) für die Risikoprognosen und Warnmeldungen eine Vorreiterrolle übernommen.

Zum Ende des Winters berichteten die Medien außerdem von einem zu befürchtenden Staatsbankrott Griechenlands, das Mitglied der Europäischen Union (EU) und des Euroraums ist. Das löste zusätzliche wirtschaftliche Bedrohungen in Europa aus, die letztlich die Partei „Alternative für Deutschland (AfD)" entstehen ließ, die inzwischen rechtspopulistisch abdriftete und die „Griechenland-Krise" durch die „Flüchtlings-Krise" ersetzt hat.[254] Schließlich wurden Nachrichten über unerhörte Vorfälle von Kindesmissbrauch in ganz

Am%2024.2.2022%20begann%20Russland,Ukraine%20versucht%20sich%20zu%20verteidigen (letzter Abruf: 27.2.2024).

252 Wellisch, Felix: Anrgriffskrieg der Hamas gegen Israel: Überrascht in den langen Krieg, taz vom 8.10.2023, https://taz.de/Angriffskrieg-der-Hamas-gegen-Israel/!5965603/ (letzter Abruf: 27.2.2024).

253 Noch bis 2020 wurde die private Website: www.schweinegrippe-h1n1.seuchen-info.de/ (letzter Abruf: 24.3.2020) unterhalten.

254 Vgl. dazu Möllers, Martin H. W. / van Ooyen, Robert Chr. (Hrsg.), „Flüchtlingskrise", Frankfurt/M. 2018.

Europa in der katholischen[255] und evangelischen Kirche[256] gemeldet. Terroranschläge in Afghanistan, Irak und anderen Staaten, Terrorwarnungen aus dem Jemen[257], die längst zu Bürgerkriegsnachrichten geworden sind, Meldungen zu Terrorbedrohungen bei der Hockey-Weltmeisterschaft in Indien[258] und der Terroralarm am Münchner Flughafen, der die Diskussion um den sog. „Nackt-Scanner" anheizte[259], sich aber später als Sicherheitspanne entpuppte[260], brachten den Menschen ein Gefühl permanenter Bedrohung ihrer Sicherheit.

Im darauffolgenden Sommer erreichten Schreckensmeldungen über Hitzeperioden in Russland ganz Europa. Die Hitze und Dürre lösten riesige Flächenbrände aus, wodurch Waffenlager bedroht und Radioaktivität aus Tschernobyl-Altlasten entfacht werden könnten. Sie ließen Verschwörungstheorien aufkommen, dass hinter der sehr ungewöhnlichen Hitzeperiode in Russland eine US-Klima-Waffe stecke. Für die Europäer wurde prognostiziert, dass die Brotpreise enorm steigen würden.[261] Diese Ereignisse aus nur einem einzigen Jahr sind heute überwiegend vergessen. Sie wurden aber 2010 als „Lebensrisiko" eingeschätzt, vor dem der Staat die Menschen zu schützen habe, Sicherheit zu den wichtigsten Grundbedürfnissen der Menschen gehört.

255 Europaweit; vgl. Stern-online: Katholische Kirche: Mehr als 90 Verdachtsfälle auf Kindesmissbrauch, Bericht vom 6.2.2010, https://www.stern.de/panorama/gesellschaft/3898708.html; Stern-online: Kindesmissbrauch: Papst will sich äußern – Pädophiler Priester suspendiert, Bericht vom 15.3.2010, https://www.stern.de/panorama/gesellschaft/3567362.html (jeweils letzter Abruf: 27.2.2024), so auch in Deutschland, z. B. in verschiedenen Jesuiten-Kollegs; vgl. Happel, Lutz: Canisius-Kolleg in Berlin: Missbrauch, Wegschauen, Schweigen, Meldung vom 30.1.2010, https://www.stern.de/Panorama/1539657.html (letzter Abruf: 27.2.2024).

256 Vgl. IDEA: Selbständige Evangelisch-Lutherische Kirche (SELK) benennt Ansprechpartner für Opfer sexuellen Missbrauchs, Bericht vom 31.10.2011, https://www.idea.de/frei-kirchen/detail/20543.html und IDEA: Die Hölle von Torgau, Bericht vom 11.5.2010, https://www.idea.de/spektrum/detail/die-hoelle-von-torgau-78035.html (jeweils letzter Abruf: 27.2.2024).

257 Vgl. Spiegel-online: Terrorgefahr: Großbritannien ruft zweithöchste Warnstufe aus, Bericht vom 22.1.2010, https://www.spiegel.de/politik/ausland/0,1518,673560,00.html (letzter Abruf: 27.2.2024).

258 Vgl. Penders, Peter: WM in Indien: Terrorgefahr sorgt deutsches Hockey-Team, Meldung vom 19.2.2010, https://www.faz.net/aktuell/sport/mehr-sport/wm-in-indien-terrorgefahr-sorgt-deutsches-hockey-team-1939977.html (letzter Abruf: 27.2.2024).

259 Vgl. Patalong, Frank: Flugsicherheit: Neue Scanner kriegt das Land, Meldung vom 30.8.2016, https://www.spiegel.de/reise/aktuell/koerperscanner-deutsche-flughaefen-ruesten-auf-a-1109200.html (letzter Abruf: 27.2.2024).

260 Vgl. Wiese, Sönke / Pfohl, Manuela: Sicherheitspanne nach Terroralarm: Das Phantom vom Münchner Flughafen, Meldung vom 21.1.2010, https://www.stern.de/panorama/1537525.html (letzter Abruf: 27.2.2024).

261 Vgl. Spiegel-online: Knapper Weizen: Warum die Hitze in Russland deutsche Brötchen teurer macht, Bericht vom 3.8.2010, https://www.spiegel.de/wirtschaft/service/0,1518,710000,00.html (letzter Abruf: 27.2.2024).

Der Europäische Rat verabschiedete bereits lange vor dem genannten Schreckensjahr am 12. Dezember 2003 die Europäische Sicherheitsstrategie[262], die sowohl zivile Sicherheitsmaßnahmen als auch Verteidigungsaspekte einbezieht. Auf sie gehen eine Reihe weiterer Beschlüsse der EU zurück, u. a. der auf zivile Sicherheitsmaßnahmen im Zusammenhang mit Katastrophenereignissen[263] zielende Beschluss über das Siebte Rahmenprogramm der Europäischen Gemeinschaft für Forschung, technologische Entwicklung und Demonstration, welches den Zeitraum 2007 bis 2013 umfasst. 2013 wurde im Rahmen des Katastrophenschutzverfahrens der Union (UCPM) die Europäische Notfallbewältigungskapazität (EERC) eingerichtet, um den Grad der Vorbereitung der Katastrophenschutzsysteme in der Union zu verbessern.[264] Denn: „Sicherheit in Europa ist die Voraussetzung für Wohlstand und Freiheit."[265]

Aus diesem Satz ließe sich die Frage ableiten, ob es wohl *mehr* Wohlstand und Freiheit geben wird, wenn es *mehr* Sicherheit gibt. Wie viel „Sicherheit" lässt ein Höchstmaß an „Freiheit" entstehen? Da Freiheit sich maßgeblich in den von den staatlichen Organen gewähr(leiste)ten Menschenrechten ausdrückt, entsteht also ein Spannungsverhältnis zwischen „Sicherheit" und „Bürgerrechten".

Schon seit Thomas Hobbes und John Locke ist die Garantie öffentlicher Sicherheit zentrale staatliche Aufgabe.[266] In einem demokratischen Rechtsstaat ist „Sicherheit" ein Gemeinschaftsgut, das sich hauptsächlich durch in Vorschriften festgelegte Maßnahmen staatlicher Organe sowie durch Handlungs- und Duldungsanweisungen an die Menschen äußert. Die Spannung zwischen „Freiheit" und „Sicherheit" wird so offenkundig: Denn auf der einen Seite soll alle individuelle Entfaltungsmöglichkeiten und persönliche Freiheit genießen, auf der anderen Seite werden sie aber eingeengt durch diese Sicherheitsvorschriften und -maßnahmen, die Grundlage der Freiheit der Menschen und der sozialen Wohlfahrt sind.

Dass der Staat Sicherheit im Rahmen seiner bürgerlichen Ordnung garantieren muss[267], ergibt sich schon daraus, dass nur er im demokratischen Verfas-

262 Beschluss des Europäischen Rates „Ein sicheres Europa in einer besseren Welt", Europäische Sicherheitsstrategie, Brüssel, 12.12.2003.

263 Beschluss Nr. 1982/2006/EG des Europäischen Parlaments und des Rates vom 18.12. 2006 über das Siebte Rahmenprogramm der Europäischen Gemeinschaft für Forschung, technologische Entwicklung und Demonstration (2007 bis 2013), ABl L 412/1-41 vom 30.12.2006, S. 8, 16, 26.

264 Art. 11 des Beschlusses Nr. 1313/2013/EU des Europäischen Parlaments und des Rates über ein Katastrophenschutzverfahren der Union.

265 Ebd., S. 26.

266 Townsend, Charles: Making the Peace, Oxford University Press 1993, S. 4.

267 Glaeßner, Gert-Joachim / Lorenz, Astrid: Innere Sicherheit in einem Europa ohne Grenzen,

sungsstaat das Rechtsetzungs- und Gewaltmonopol innehat. Damit soll der Staat Rechtsfrieden und Sicherheit gewährleisten, Aggressivitäten, Begehrlichkeiten und Rachsucht der Menschen in Schranken halten sowie dafür sorgen, dass das Zusammenleben mit anderen Menschen sich nicht zu einem „Krieg aller gegen alle“[268] entwickelt. Die staatlichen Akteure müssen daher ihre Sicherheitspolitik auf die Garantie öffentlicher Sicherheit ausrichten, um das wahrgenommene und das tatsächliche Lebensrisiko der Menschen im Staat erträglich zu halten. Zu fragen ist also einerseits, wie weit der staatliche Maßnahmenkatalog zur „Garantie“ öffentlicher Sicherheit und zur Erreichung eines „Sicherheitsgefühls“ in der Bevölkerung tatsächlich gehen darf, und andererseits, welcher Zusammenhang zwischen staatlichem Maßnahmekatalog und der Lebensrisikowahrnehmung besteht.

5.2 Die staatliche „Garantie“ einer öffentlichen Sicherheit und das (wahrgenommene) Lebensrisiko

Eine absolute öffentliche Sicherheit, die unbeeinträchtigt von Mensch und Natur bleibt, gibt es nicht. Ebenso wenig wie ein Staat die Menschen vor Krankheiten bewahren kann, kann er sie vor Gefährdungen aller Art schützen, seien sie durch andere Menschen, z. B. bei einem Verkehrsunfall, oder von der Natur, etwa bei einem Blitzschlag, ausgelöst. Eine *Garantie* der Verhinderung von Terroranschlägen und Naturkatastrophen kann es niemals geben. Da dies eigentlich jedem klar sein muss, hängt die Frage der „Garantie“ öffentlicher Sicherheit notwendig mit der subjektiven *Risikowahrnehmung* der Menschen zusammen. Individuell bestimmen alle über das, was sie als Risiko einstufen, selbst. Allerdings hängt die Risikoeinschätzung von den Informationen ab, auf deren Grundlagen die Risikowahrnehmung erfolgt.

5.2.1 Allgemeine Hintergründe menschlicher Risikowahrnehmung

Der Begriff „Risiko“ wird regelmäßig mit negativen Erwartungen verbunden und bezeichnet die Gefahr, dass ein als Nachteil definierter Umstand eintritt. Phänomen beim Risiko ist es, dass es oft als Folge eigener Entscheidungen und daher als im Prinzip berechenbar angesehen wird.[269] Ob es sich bei dem Risiko um eine „kleine“, „mittlere“, „große“ oder „katastrophale“ Gefahr handelt, er-

JBÖS 2004/05, S. 365 ff., 365.

268 Hobbes, Thomas: Leviathan – oder Stoff, Form und Gewalt eines bürgerlichen und kirchlichen Staates, Frankfurt/M. 2006.

269 Beck, Ulrich: Weltrisikogesellschaft. Auf der Suche nach der verlorenen Sicherheit, 7. Aufl., Frankfurt/M. 2016.

gibt sich dabei aus dem Produkt der Eintrittswahrscheinlichkeit des befürchteten Nachteils und dem potenziellen Schadensausmaß.[270] Eintrittswahrscheinlichkeit und Schadensausmaß hängen von individuellen Einschätzungen ab. Damit enthält der Begriff des Risikos immer ein Element des Ungewissen. Allerdings wird nach objektivem und subjektivem Risiko unterschieden, wobei das *objektive* vor allem mit Hilfe von Statistiken aus Erfahrungswerten berechenbar oder zumindest nachprüfbar ist. Das *subjektive* Risiko beruht dagegen auf persönlichen Wertvorstellungen, die aufgrund aktueller Ereignisse und persönlichem Erleben zur Beurteilung eines bestimmten Tatbestands führen.[271] Je weniger die Risikowahrnehmung auf Basis vorhandenen eigenen Wissens beruht, ist sie eher subjektiv gesteuert, also von persönlichen Wertvorstellungen abhängig.

Daher verwundert es nicht, dass die Forschung zur Risikowahrnehmung als eine ganz zentrale Erkenntnis einerseits erbrachte, dass die Risiken, welche Menschen ängstigen und aufregen, nicht deckungsgleich mit denen sind, an denen sie nach der Statistik am häufigsten sterben bzw. Schaden erleiden. Es ergibt sich andererseits aus der Balance zwischen empirisch überprüften, objektiven und von eher durch Wertvorstellungen geleiteten, subjektiven Risikoprognosen, dass die Risikoeinschätzung durch wissenschaftliche Forschung häufig anders ausfällt, als Menschen sie empfinden und Massenmedien sie aufzeigen.[272]

Alle laienhaften und wissenschaftlichen Verfahren der Risikoabschätzung beruhen ausnahmslos auf Vorannahmen und Entscheidungen von Menschen, die als Experten auf dem debattierten Gebiet gelten. Diese „Experten" entscheiden, welche Risiken überhaupt betrachtet und danach, welche möglichst ausgeschaltet werden (sollten). Daher ist der Anwendungsbereich für Risikovorsorge schon dadurch begrenzt. Außerdem werden sog. „Restrisiken" gewollt hingenommen und höchstrichterlich bestätigt.[273] Diese bestehen zum Beispiel darin, dass der Eintritt eines Schadens nicht vorhersehbar war oder nicht plausibel genug erschien. Dies dient dann als Legitimationsgrundlage dafür, dass manche Risiken hinzunehmen sind, ohne dass für sie risikomindernde Maßnahmen vorgesehen werden.[274] Umgekehrt bestimmen die „Experten", welche Risiken im Fokus der Betrachtung stehen sollen, indem für sie beson-

270 Mertens, Johannes: Risikoanalyse; in: Schütz / Wiedemann (Hrsg.), Technik kontrovers, Frankfurt/M. 1993, S. 187 ff., 187; Preisig, Hans Peter: Risiko; in: Sicherheits-Jahrbuch 2007/2008, Ingelheim 2006, S. 404.

271 Mertens, Johannes: Risikoerwartungen und Risikobewertungen bei großtechnischen Systemen; in: Häckel / Stein (Hrsg.), Internationale Kontrolle sensitiver Technologien, Opladen 2003, S. 89 ff., 89.

272 Schütz, Holger / Peters, Hans Peter: Risiken aus der Perspektive von Wissenschaft, Medien und Öffentlichkeit, JBÖS 2004/05, S. 531 ff., 531.

273 BVerfGE 49, 89 – Kalkar I [1978].

274 Mertens, Risikoerwartungen, a. a. O. (Fn. 271), S. 95.

dere Gefahren prognostiziert werden.[275] Die Risikowahrnehmung wird also durch die „Experten“ inszeniert, sodass es insofern von Bedeutung ist festzustellen, wie die Risikowahrnehmung im Feld öffentlicher Sicherheit in Europa derzeit ausfällt.

5.2.2 Die Wahrnehmung eines Risikos im Feld transnationaler Terrorismus in Europa

Den Ausgangspunkt für die Wahrnehmung eines Risikos im Feld öffentlicher Sicherheit bildet die „Katastrophe“. Mit diesem Begriff verbindet der einzelne Mensch vor allem verheerende Naturereignisse mit vielen Toten, wie etwa die Erdbeben auf der süditalienischen Insel Ischia im August 2017[276] und in Mexiko im September 2017[277] sowie die Verwüstungen des Orkans „Maria“ in der Karibik im selben Monat.[278] „Katastrophen“ sind aber auch Terroranschläge mit vielen Toten wie zum Beispiel der Anschlag in Barcelona am 17. August 2017[279] und selbst verhinderte Terrorattacken wie das Postpaket in der Apotheke beim Weihnachtsmarkt in Potsdam im Dezember 2017[280] lassen Ängste aufkommen. Von den Menschen werden jedoch schon kriminelle Aktionen wie Handtaschendiebstahl und Wohnungseinbrüche als persönliche „Katastrophe“ empfunden, vor denen der Staat sie nicht schützte. Daher muss man sich zunächst mit der Konkretisierung der Begriffe „Katastrophe“ und „Bevölkerungsschutz“ auseinandersetzen.

---

275 Beck, Weltrisikogesellschaft, a. a. O. (Fn. 269), S. 68.

276 Vgl. Zeit-online: Italien: Zwei Tote bei Erdbeben auf der Insel Ischia, Bericht vom 22.8.2017, https://www.zeit.de/gesellschaft/2017-08/erdbeben-italien-ischia (letzter Abruf: 27.2.2024).

277 Vgl. Zeit-online. Mexiko: Erdbeben verursachte schwere Schäden, Bericht vom 28.9.2017, https://www.zeit.de/gesellschaft/zeitgeschehen/2017-09/mexiko-schaetzt-schaeden-auf-ueber-zwei-milliarden-dollar (letzter Abruf 27.2.2024).

278 Vgl. Zeit-online: Karibik: „Wir wurden brutal getroffen“, Bericht vom 19.9.2017, https://www.zeit.de/gesellschaft/zeitgeschehen/2017-09/karibik-hurrikan-maria-dominica-warnungen (letzter Abruf: 27.2.2024).

279 Vgl. Spiegel-online: Anschläge in Barcelona und Cambrils von 2017: Terrorhelfer in Katalonien zu langen Freiheitsstrafen verurteilt, Bericht vom 27.5.2021, https://www.spiegel.de/ausland/spanien-lange-haftstrafen-nach-islamistischen-terroranschlaegen-von-2017-in-barcelona-verhaengt-a-6d963650-a508-47e0-9b6a-b6d1d232bdb5 (letzter Abruf: 27.2.2024).

280 Vgl. Büscher, Wolfgang / Schmoll, Thomas: Panorama: Die Angst der Schausteller vor dem Terror, Meldung vom 3.12.2017, https://www.welt.de/vermischtes/article171204013 (letzter Abruf: 27.2.2024).

5.2.2.1 Änderungen bei der Konkretisierung der Begriffe „Katastrophe" und „Bevölkerungsschutz"

Die Begriffe „Katastrophe" und „Katastrophenschutz" sind bereits seit Ende der 1960er Jahre formal, strukturell und organisatorisch festgelegt.[281] Rückblickend betrachtet ist jedoch festzustellen, dass sie nicht immer die gleiche inhaltliche Bedeutung und Schwerpunktsetzung gehabt haben. Insbesondere wurden die jeweils angenommenen Risiken unterschiedlich definiert. Im Jahre 2000 wurde es von einem Vertreter der Katastrophenforschungsstelle der Uni Kiel noch als schwierige Frage angesehen, *wovor* die Bevölkerung geschützt werden soll.[282] Ausführlicher wurden in dem Strategiepapier des Deutschen Komitees für Katastrophenvorsorge e. V. (DKKV) von Dezember 2000, in dem Schadens- und Gefährdungsereignisse beschrieben sind, die natur- und zivilisationsbedingten sowie technischen Gefahren jeweils mit Beispielen aufgelistet. Erst ganz zum Schluss firmieren unter der Überschrift „Technische Gefahren" an letzter Stelle auch „terroristische Anschläge" und „biologische/chemische Angriffe".[283] Die später folgenden Beschreibungen von Szenarien, für die „notwendige Entwicklungslösungen" vom stellvertretenden Vorsitzenden des DKKV dargelegt wurden, enthielten wiederum keinen Hinweis auf terroristische Anschläge.[284] Daraus lässt sich wohl schließen, dass Terrorismus in der Katastrophenvorsorge bis zum Herbst 2001 keine besondere Bedeutung hatte.

Die Terroranschläge des 11. Septembers 2001 in den USA beschleunigten in Europa die Aktivitäten des Bevölkerungsschutzes. Gleichzeitig bewirkten sie europaweit eine drastische Verschiebung in der Risikowahrnehmung von Katastrophenereignissen und anderen Gefährdungslagen. Seitdem wird der „internationale Terrorismus" von den Akteuren der Sicherheitspolitik als „Feind Nr. 1" nahezu für alle Sicherheitsbedrohungen angeführt.[285] Auch auf Ebene der EU ist begrifflich „Terrorismus" an die vorderste Stelle gerückt.[286]

281 Geier, Wolfram: Begriffsbestimmungen und Abgrenzungen – Katastrophenschutz und -vorsorge im In- und Ausland, Notfallvorsorge (NV) 4/2001, S. 22 ff., 23.

282 Geier, Wolfram: Katastrophenvorsorge und Katastrophenschutz – humanitäre Verpflichtung für Bund, Länder, Kommunen und Hilfsorganisationen, Teil II und Schluss, NV 1/2000, S. 13 ff., hier S. 13.

283 Schöttler, Horst: Katastrophenschutz im 21. Jahrhundert: Anspruch und Realität und notwendige Entwicklungslösungen – Teil I, NV 4/2000, S. 15 ff., hier S. 18.

284 Schöttler, Horst: Katastrophenschutz im 21. Jahrhundert: Anspruch, Realität und notwendige Entwicklungslösungen – Teil II, NV 1/2001, S. 17-21.

285 Vgl. de Maizière, Thomas: Vorwort zum Verfassungsschutzbericht 2016, Berlin 2017, S. 3.

286 EU-Beschluss Nr. 1982/2006/EG des Europäischen Parlaments und des Rates vom 18.12. 2006 über das Siebte Rahmenprogramm der Europäischen Gemeinschaft für Forschung, technologische Entwicklung und Demonstration (2007-2013), Abl. EU L 412/1-41 vom 30.12.2006, S. 26.

Waren vor 9/11 Ausgangspunkt für den europäischen Katastrophenschutz *Naturereignisse*, etwa Hochwässer an Flüssen und Verschüttungen durch Murenabgänge, sowie *Unglücke* zum Beispiel durch Eisenbahnen und Flugzeuge, wurden ab 2002 vor allem Terroranschläge als Aufgabe im Katastrophenschutz angesehen. Bis dahin erlebte Katastrophen, wie der Murenabgang in Inzing/Tirol 1969 oder die Kernschmelze und Explosion im KKW von Tschernobyl 1986 sowie das ICE-Eisenbahnunglück von Eschede 1998, sind nunmehr in den Hintergrund getreten. Die jüngsten Naturkatastrophen auf Haiti, in Chile, Mexiko und in der Karibik scheinen weit weg und daher für Europa unerheblich zu sein. Selbst der Sturm „Friederike" am 18. Januar 2018 mit zehn Toten in Deutschland hielt sich nur einen Tag in den Medien.[287]

Seit Januar 2014 läuft das neue Rahmenprogramm für Forschung und Innovation „Horizont 2020", welches das Bundesministerium für Bildung und Forschung betreut.[288] „Horizont 2020" ist nach der Europäischen Sicherheitsforschungskonferenz von 2007 entstanden und bei der EU ein eigenständiger Förderschwerpunkt. Für die europäische Sicherheitsforschung stellt die EU im Zeitraum von 2014 bis 2020 insgesamt 1,7 Mrd. € zur Verfügung.[289] Beim Programmziel, die europäische Gesellschaft und ihre Menschen verstärkt vor Bedrohungen zu schützen, steht an erster Stelle Terrorismus und an zweiter organisierte Kriminalität. Erst danach folgen Naturkatastrophen sowie Industrieunfälle.[290]

Da Verfahren der Risikoabschätzung auf Vorannahmen und Entscheidungen von Menschen des öffentlichen Lebens beruhen, die als „Experten" gelten, unterliegen Risikowahrnehmungen ständigen Veränderungen, weil die „Experten" die Medien zielgerichtet beeinflussen. Deshalb wird bei jedem Schiffsuntergang, bei jedem Flugzeugabsturz und bei jeder anderen anschlagsmäßigen kriminellen Aktion gefragt, ob nicht ein (islamistischer) Terroranschlag für diese „Katastrophe" die Ursache sei.[291] Der Grund der Medienbeeinflussung

287 Schillinger, Michael: Sturm «Friederike» zieht Richtung Osten – Deutsche Bahn stellt in ganz Deutschland Fernverkehr ein, zehn Personen kommen ums Leben, NZZ-online vom 18.1.2018, https://www.nzz.ch/panorama/sturmtief-friederike-koelner-dom-teilweise-abgesperrt-ld.1348714 (letzter Abruf: 27.2.2024).

288 Vgl. Bundesministerium für Bildung und Forschung (BMBF) (Hrsg.): Forschung für die zivile Sicherheit – gemeinsam für ein sicheres Leben in einer resilienten Gesellschaft. Rahmenprogramm der Bundesregierung 2024-2029, Bonn Januar 2024, https://www.sifo.de/sifo/shareddocs/Downloads/bmbf-programm/sicherheitsforschungsprogramm_24.pdf?__blob=publicationFile&v=4 (letzter Abruf 27.2.2024).

289 BMBF, Forschung für die zivile Sicherheit, a. a. O. (Fn. 288).

290 BMBF, Forschung für die zivile Sicherheit, a. a. O. (Fn. 288).

291 Vgl. Focus-online: USA: Selbstmörder fliegt mit Flugzeug in Steuerbehörde, Bericht vom 15.11.2013, https://www.focus.de/panorama/vermischtes/usa-selbstmoerder-fliegt-mit-flugzeug-in-steuerbehoerde_aid_482096.html (letzter Abruf: 27.2.2024).

liegt auf der Hand: Öffentliche Sicherheit kostet Geld. Bei knappen finanziellen Ressourcen in Bund, Ländern und Gemeinden kommt es darauf an, Gelder optimal einzusetzen. Daher ist die Frage nicht unerheblich, welche Entwicklung der „Katastrophenschutz" vermutlich gehen wird.

5.2.2.2 Prognose für die weitere Entwicklung der Definition von „Katastrophe" und „Katastrophenschutz"

Für die Terrorbekämpfung zuständig sind maßgeblich die Polizeien aller staatlichen Ebenen in Europa. In Deutschland soll künftig darüber hinaus der Polizei die Leitung des Katastrophenschutzes zugewiesen werden, da in einigen Bundesländern vorgesehen ist, diesen „aus dem Landespolizeipräsidium heraus [zu] leiten und im Einsatz [zu] führen".[292] Diese Entwicklung wird Folgen haben.

Die Polizei kommt den für sicherheitspolitische Gesetzentwürfe zuständigen Innenressortchefs „beratend" nahe, da alle Innenministerien in Europa – bis hin zur Landesebene – eine Polizeiabteilung unterhalten, in denen insbesondere Polizist/innen beschäftigt sind. Sie nehmen schon heute nicht nur maßgeblich Einfluss darauf, welche Risiken überhaupt betrachtet werden sollen, sondern entscheiden auch, welche Risiken auszuschalten sind. Sie steuern ganz erheblich die Risikowahrnehmung in den zuständigen Behörden und Politikbereichen sowie im gesellschaftlichen Umfeld. Sie vermuten, dass der islamistische Terrorismus nicht nur bei Regierungschefstreffen, wie z. B. beim G8-Gipfel in Heiligendamm, bedroht, sondern auch etwa bei Opernaufführungen, die z. B. zur Absetzung der Oper „Idomeneo" in Berlin 2006 führte[293], oder bei Fluggastkontrollen, die z. B. eine Notebookdurchsuchung im Januar 2010 erbrachte.[294] Die Polizei hat außerdem ein subjektives Interesse an neuen „Sicherheitspaketen".[295] Denn sie profitiert am meisten von den geplanten Maßnahmen zur Terrorabwehr, weil mehr lukrative Planstellen und „Attraktivitätsprogramme"[296] geschaffen werden und auch die Ausstattung mit Sachmitteln

292 Glass, Winfried: Konstruktiver Dialog im Zivil- und Katastrophenschutz, NV 2/2003, S. 17 ff., hier S. 19.

293 Vgl. Spiegel-online: Mozart-Absetzung: Intendantin rechtfertigt sich mit Angst vor Islamisten, Bericht vom 26.9.2006, https://www.spiegel.de/kultur/gesellschaft/mozart-absetzung-intendantin-rechtfertigt-sich-mit-angst-vor-islamisten-a-439212.html (letzter Abruf: 27.2.2024).

294 Vgl. F.A.Z.-online: Sicherheitspanne am Münchner Flughafen: „Sie hätte ihn nicht aus den Augen lassen dürfen", Bericht vom 21.1.2010, https://www.faz.net/aktuell/gesellschaft/sicherheitspanne-am-muenchner-flughafen-sie-haette-ihn-nicht-aus-den-augen-lassen-duerfen-1907469.html (letzter Abruf: 27.2.2024).

295 Vgl. dazu Middel, Stefan: Präventive Terrorismusbekämpfung nach den Anschlägen vom 11. September 2001, JBÖS 2008/2009, S. 153-175.

296 Deutscher Bundestag (Hrsg.): Antwort der Bundesregierung auf die Kleine Anfrage der Abgeordneten Dr. Max Stadler, Jens Ackermann, Christian Ahrendt, weiterer Abgeordneter und

einer ständigen Verbesserung unterliegt. Jüngstes Beispiel ist etwa die große Zahl an Flüchtlingen, die vor allem 2015 nach Deutschland kamen. Im Februar 2016 forderte die Gewerkschaft der Polizei eine Verstärkung der Bundespolizei um 20.000 Beamtinnen und Beamte. Ihre subjektive Risikowahrnehmung und die mit Unterstützung von Medien und Politik inszenierte Risikoabschätzung steuert daher ganz erheblich die Ingangsetzung von Maßnahmepaketen zur Wahrung öffentlicher Sicherheit auch bei Katastrophenereignissen.

5.3 Maßnahmestrategien im Feld transnationaler Terrorismus in Europa

Seit 9/11 überlagert die islamistische Terrorbedrohung die Risikowahrnehmung, sodass die so genannten „kritischen Infrastrukturen“ immer mehr auch im Zusammenhang mit der Wahrung öffentlicher Sicherheit bei Katastrophenereignissen in den Vordergrund rücken.[297] Durch den Terror bedroht wird nun die ständige Funktionsfähigkeit der Energieversorgung, Verkehrsinfrastruktur, Trinkwasser- und Nahrungsmittelversorgung, Gesundheitsinfrastruktur, Sicherheitsinfrastrukturen der Behörden und Organisationen sowie die Entsorgungs- und Kommunikationsinfrastruktur, deren Funktionieren besonders in Krisen- und Katastrophenlagen notwendig ist.[298] Den Schutz dieser „ständigen Funktionsfähigkeit“ glauben die Akteure der Sicherheitspolitik vor allem mit Hilfe von viel (teurer) Technik zu erreichen. Im Mittelpunkt stehen dabei das Sammeln, Speichern und Verarbeiten einer Flut von Informationen und personenbezogenen Daten mittels Computer und Videokameras und der Wunsch, die Behörden zu zentralisieren, damit die Daten zusammenfließen können.

5.3.1 Die Zentralisierung der Sicherheitsbehörden

Die Zentralisierung der Behörden im Feld öffentlicher Sicherheit wurde in vielen europäischen Staaten umgesetzt. Dies gilt nicht nur für die „klassischen“ Sicherheitsbehörden „Polizei“ und „Nachrichtendienste“, sondern auch für die Behörden, die zur Bewältigung von Katastrophenaufgaben vorgesehen sind.

---

der Fraktion der FDP – Drucksache 16/4226 – zum Praxisaufstieg bei der Bundespolizei, in: BT-Drs. 16/4332 v. 16.2.2007: https://dserver.bundestag.de/btd/16/043/1604332.pdf (letzter Abruf: 27.2.2024).

297 Rosen, Klaus-Henning: Zurück ins 19. Jahrhundert? – Ungereimtheiten der Länderstrategie im Katastrophenschutz, NV 2/2004, S. 5.

298 Lorse, Jürgen: Streitkräftefunktion und Katastrophenschutz, Die Verwaltung (DV) 4/2005, S. 490 f.; Fuhrmann, Ursus: Katastrophenschutz-Reform notwendiger denn je, Der Städtetag 2/2005, S. 16-18.

Dies lässt sich für Deutschland nachweisen. Hier wurde auch der verfassungsrechtliche Rahmen dafür geschaffen.[299] Grundsätzlich ist nach Art. 30 GG Katastrophenschutz Angelegenheit der Länder, weil das Grundgesetz dem Bund nur im Verteidigungsfall nach Art. 80a GG den Schutz der Zivilbevölkerung billigt. Über Art. 35 GG kann der Bund nur zuständig werden, wenn ein Land einen Antrag auf Rechts- und Amtshilfe stellt (Abs. 1+2). Allerdings kann der Bund Weisungen an Länder erteilen, wenn eine Naturkatastrophe oder ein Unglücksfall über das Gebiet eines Bundeslandes hinausgeht (Abs. 3). Federführend für die Katastrophenhilfe in solchen Fällen ist das Bundesministerium des Innern (BMI). Seit 1989 war die „Ständige Konferenz für Katastrophenvorsorge und Bevölkerungsschutz in der Bundesrepublik Deutschland" eingerichtet, die bis Januar 2011 bestand.[300] Ihre Aufgaben sind nunmehr komplett vom BMI-eigenen Bundesamt für Bevölkerungsschutz und Katastrophenhilfe (BBK) übernommen worden. Die ursprüngliche Absicht, das BBK als Zentralstelle einzurichten, was faktisch eine Zuständigkeitskompetenzverschiebung bedeutet hätte, ist bisher aber weder verfassungsrechtlich noch faktisch umgesetzt worden.[301]

Auch wenn die Zentralisierung im Feld des Katastrophenschutzes noch nicht das politisch gewünschte Maß erreicht hat, sind aber weitere Maßnahmestrategien zur Gewährleistung der inneren Sicherheit, welche die Akteure im Politikfeld öffentliche Sicherheit bisher verfolgen augenfällig, z. B. die voranschreitende Privatisierung von Sicherheit.

5.3.2 Die Privatisierung von Sicherheit

Die Privatisierung der Sicherheit wird einerseits personell markiert: Immer mehr „Schwarze Sheriffs" tauchen in Fußgängerzonen vor Schmuckgeschäften, in Einkaufspassagen und in besseren Wohnquartieren auf. Die Zahl der Kaufhausdetektive nimmt ebenso zu wie Wachdienste aller Art. Außerdem haben Bodyguards Konjunktur. Andererseits hält die Sicherheitswirtschaft eine Fülle von Sicherheitseinrichtungen parat, die von ausgeklügelten Feuer- und Hochwassermeldeanlagen, Einbruchsalarmgebern und Sicherheitsvorrichtungen bis hin zur ausgefeilten privaten Sicherheitsarchitektur[302] reicht. Mit Unter-

299 Vgl. Musil, Andreas / Kirchner, Sören: Katastrophenschutz im föderalen Staat, DV 3/2006, S. 373 ff.

300 Stumpf + Kossendey Verlag (Hrsg.): Ständige Konferenz für Katastrophenvorsorge und Bevölkerungsschutz aufgelöst, 2017, https://www.skverlag.de/rettungsdienst/meldung/newsartikel/staendige-konferenz-fuer-katastrophenvorsorge-und-bevoelkerungsschutz-aufgeloest.html (letzter Abruf: 27.2.2024).

301 Vgl. Atzbach, Das neue BBK, a. a. O. (Fn. 245), S. 331 ff.

302 Beer, Daniel / Hohl, Peter / Jung, Astrid (Hrsg.): Sicherheits-Jahrbuch 2009/2010 für Deutschland und die Schweiz, 13. Aufl., Zürich/Ingelheim 2008.

stützung des Staates unter Federführung der Polizei expandiert das Sicherheitsgewerbe. Inzwischen gibt es europaweit mehr Personen im privaten Sicherheitsgewerbe als im Polizeivollzugsdienst aller Länder der EU zusammen. Zum Teil sind die privaten Sicherheitskräfte über Private Public Partnerships[303] in die Gewährung der öffentlichen Sicherheit eingebunden.[304] Das gilt nicht nur für Polizeiaufgaben und die übrigen Bereiche der Gefahrenabwehr, sondern betrifft auch den Strafvollzug.[305]

Es stellt sich die Frage, ob die Monopolisierung von Gewalt nicht beim Staat verbleiben muss. Denn nur der Staat hat die ausschließliche Kompetenz, physische Gewalt auszuüben, um die Rechtsordnung gegen den Willen anderer durchzusetzen. Die Privatisierung führt jedoch schrittweise zurück zur „Macht des Stärkeren", wobei dann derjenige „stärker" ist, der sich „Sicherheit" – auch vor Naturkatastrophen (z. B. Tsunami-Frühwarnsystem) – wirtschaftlich leisten kann. Andere werden auf der Strecke bleiben. Denn wenn Sicherheit ein käufliches Gut wird, ergibt sich daraus schon, dass es ungleich verteilt und daher ungerecht sein wird. Gleichzeitig zu dieser Privatisierungsentwicklung rüsten alle Staaten der EU und die EU selbst auf. Begründet wird die Aufrüstung dadurch, dass der Kreis der Verdächtigen über Staatsgrenzen hinweg erweitert wird.

5.3.3 Die Erweiterung des Kreises der Verdächtigen

Immer mehr Vorfeldmaßnahmen (wie z. B. Datenerhebung, Videoüberwachung und Rasterfahndung) sind Gegenstände der gesetzlichen Entwicklung. Eingriffsbefugnisse zur Gefahrenabwehr bedürfen immer weniger einer „konkreten Gefahr" oder eines „Anfangsverdachts", sodass die polizeirechtliche Entwicklung sich zunehmend vom liberalen Polizei- und Sicherheitsrecht entfernt. Schon vor 9/11 ließ sich erkennen, dass die Grenze zwischen „Störer" und „Nichtstörer" verschwimmt und dadurch die Konturen des Übermaßver-

303 Vgl. Bausback, Winfried: Public Private Partnerships im deutschen Öffentlichen Recht und im Europarecht – Spannungsfeld zwischen Daseinsvorsorge, Liberalisierung und Risikomanagement, Die öffentliche Verwaltung (DÖV) 21/2006, S. 901-907; Kiethe, Kurt: Gesellschaftsrechtliche Spannungslagen bei Public Private Partnerships, Neue Zeitschrift für Gesellschaftsrecht (NZG) 2/2006, S. 45-49.

304 Vgl. Frevel, Bernhard: Sicherheit gewähren – Freiheit sichern, Aus Politik und Zeitgeschichte (APuZ) 12/2007, S. 4; Mackeben, Andreas: Grenzen der Privatisierung der Staatsaufgaben Sicherheit: Sicherheitsdienstleistungen im Innovationsbereich „Business Improvement District (BID)", JBÖS 2004/05, S. 147 ff., 249.

305 Winterhoff, Christian: Die rechtlichen Möglichkeiten und Grenzen der Public Private Partnership im Strafvollzug; in: Grote, Rainer / Härtel, Ines / Hain, Karl-E. / Schmidt, Thorsten I. / Schmitz, Thomas / Schuppert, Gunnar F. / Winterhoff, Christian (Hrsg.), Die Ordnung der Freiheit, Festschrift für Christian Starck zum siebzigsten Geburtstag, Tübingen 2007, S. 463-482.

botes undeutlich werden.[306] So wird die alltägliche Arbeit der Sicherheitsbehörden, allen voran der Polizei, immer mehr bestimmt von anlass- und verdachtsunabhängigen „Jedermannkontrollen", von Videoüberwachungen öffentlicher Räume und von „Lauschangriffen" in Wohnungen. Ebenso wurden zur Alltagsarbeit der Sicherheitsbehörden der Sicherheitsgewahrsam in Form des Unterbindungs- oder Verhütungsgewahrsams, Aufenthaltsverbote sowie genetische (DNA) und biometrische Fingerabdrücke. Da kein „Anfangsverdacht" mehr vorausgesetzt wird, verflüchtigt sich der Grundsatz der Unschuldsvermutung mehr und mehr.

Das Handeln der Sicherheitsbehörden orientiert sich also nicht mehr an konkreten Gefahren, sondern gründet auf Gefahren*prognosen*, die oft auf vagen Hinweisen und Hypothesen beruhen. Die Folge ist, dass ihre Tätigkeiten zur Vorfeldarbeit werden und sich dadurch auf alles und gegen alles richten müssen. So ist es nicht verwunderlich, dass in einzelnen Bereichen bereits mit einem Generalverdacht gegen die gesamte Bevölkerung gearbeitet wird:[307] Ein Beispiel dafür ist die Speicherung der biometrischen Merkmale Gesicht und Fingerabdruck auf den Ausweispapieren der EU (Verordnung [EG] Nr. 2252/2004 vom 13.12.2004). Bisher gehörte die Abnahme von Fingerabdrücken zu den strafverfolgenden Maßnahmen (vgl. § 81b StPO). Weitere „Vorratsdatenspeicherungen" im großen Maßstab sind in Planung, obwohl bereits europäische höchstrichterliche Bedenken geäußert wurden.[308]

Auch das Bundesverfassungsgericht hat zunächst durch eine einstweilige Anordnung der Vorratsspeicherung von Daten in einer Entscheidung vom 28. Oktober 2008[309] Einhalt geboten: Es setzte fest, dass die Bestimmungen des Telekommunikationsgesetzes über die Pflicht zur Speicherung und Übermittlung von Telekommunikations-Verkehrsdaten (§§ 113a u. 113b TKG) einstweilen nur in erheblich eingeschränkter Weise angewendet werden dürfen. Allerdings sah das Gericht bei seiner Eilentscheidung in der *Bevorratung* allein noch keinen schwerwiegenden Nachteil, sondern erst in der *Übermittlung* der Daten. Gleichzeitig verwies das Gericht auch darauf, dass seine Entscheidungskompetenz wegen der europarechtlichen Überlagerung des deutschen Rechts begrenzt sein könnte.[310] Im Urteil des Hauptsacheverfahrens wurde am

306 Lisken, Hans / Denninger, Erhard (Hrsg.): Handbuch des Polizeirechts, 3. Aufl., München 2001, S. V.

307 Pütter, Norbert: Prävention. Spielarten und Abgründe einer populären Überzeugung, Bürgerrechte & Polizei/CILIP 86 1/2007, S. 3 ff., hier S. 11 ff.

308 Vgl. dazu Möllers, Martin H. W.: Das wahrgenommene Lebensrisiko und sein Einfluss auf die öffentliche Sicherheit in Europa, JBÖS 2010/11, 2. Halbband, S. 159 ff., hier S. 169.

309 Entscheidung des Ersten Senats (1 BvR 256/08); in: https://www.bverfg.de/entscheidungen/rs20080311_1bvr025608.html (letzter Abruf: 28.2.2024).

310 Vgl. dazu Bull, Hans Peter: Meilensteine auf dem Weg des Rechtsstaates – Die neuen Grund-

2. März 2010[311] zwar *die konkrete Ausgestaltung* der Vorratsdatenspeicherung für nicht verfassungsgemäß angesehen und die Nichtigkeit der entsprechenden Vorschriften[312] festgestellt, stellte aber gleichzeitig ausdrücklich heraus, dass eine sechsmonatige, vorsorglich anlasslose Speicherung von Telekommunikationsverkehrsdaten durch private Diensteanbieter mit Art. 10 GG nicht schlechthin unvereinbar ist.[313] Und in seinem Urteil zum BKA-Gesetz vom 20. April 2016[314] entschied der Erste Senat einstimmig, dass bezüglich der Gesetzgebungskompetenz des Bundes die angegriffenen Vorschriften verfassungsgemäß sind, sodass durch das neue BKAG erstmals das BKA auch präventive sogenannte Vorfeldermittlungen ohne konkreten Tatverdacht und ohne Beteiligung der Staatsanwaltschaft durchführen darf. Das lässt erkennen, dass die Maßnahmestrategie, den Kreis der Verdächtigen auch über Staatsgrenzen hinweg zu erweitern, selbst durch höchste Gerichte voll durchgreifen kann, sodass aus Sicht der Sicherheitsbehörden nur noch ihre Vernetzung hinzutreten muss.

5.3.4 Die Vernetzung aller Behörden

Der Ausbau der immer früher ansetzenden Prävention führt notwendigerweise zu einer Annäherung aller Sicherheitsbehörden. Rettungsdienste, Feuerwehr und Polizei arbeiten immer enger zusammen mit Strafverfolgungsbehörden und Nachrichtendiensten[315], wobei deren Vernetzung ohne Rücksicht auf Begrenzungen durch die Menschenrechte weiter betrieben wird.

Unmittelbar nach 9/11 wurden in kürzester Zeit in den Ländern der EU gesetzliche „Sicherheitspakete" verabschiedet, deren Regelungen gegen die Bedrohungen des islamistischen Terrors gerichtet sind. Sie zielten und zielen darauf ab, mehr Vorfeldmaßnahmen einzurichten und mehr personenbezogene Daten zu speichern und zu verarbeiten, wobei die Datenweitergabe und der

---

satzentscheidungen des Bundesverfassungsgerichts zum Datenschutz im Bereich der inneren Sicherheit, JBÖS 2008/09, S. 317-331.

311 Urteil vom 2. März 2010 - 1 BvR 256/08, 1 BvR 263/08, 1 BvR 586/08 - mit Pressemitteilung Nr. 11/2010; https://www.bverfg.de/pressemitteilungen/bvg10-011.html (letzter Abruf: 28.2. 2024).

312 §§ 113a u. 113b TKG sowie § 100g StPO, soweit dieser den Abruf der nach § 113a TKG zu speichernden Daten erlaubt.

313 BVerfG, 1 BvR 256/08 vom 2.3.2010, https://www.bverfg.de/entscheidungen/rs20100302_1 bvr02 5608.html (letzter Abruf: 28.2.2024), 1. Leitsatz.

314 Urteil des Ersten Senats des Bundesverfassungsgerichts vom 20.4.2016 - 1 BvR 966/09 - https://www.bverfg.de/e/rs20160420_1bvr096609.html (letzter Abruf: 28.2.2024).

315 Bäcker, Matthias / Denninger, Erhard / Graulich, Kurt (Hrsg.): Lisken/Denninger: Handbuch des Polizeirechts, 6. Aufl., München 2018, S. 51 ff. Vgl. schon Lisken, Hans / Denninger, Erhard (Hrsg.): Handbuch des Polizeirechts. Gefahrenabwehr – Strafverfolgung – Rechtsschutz, 4. Aufl., München 2012, S. V.

Datenaustausch nicht nur national durch Zusammenführung von Behörden erfolgt, wie etwa z. B. beim Gemeinsamen Melde- und Lagezentrum des Bundes und der Länder (GMLZ) in Bonn oder beim Gemeinsamen Analyse- und Strategiezentrum illegale Migration (GASIM) in Berlin, das ebenso wie das dort ansässige Gemeinsame Terrorismusabwehrzentrum (GTAZ) u. a. Polizei und Nachrichtendienste zusammenführt, sondern auch supranational, z. B. durch Europol und Frontex, sowie international vorangetrieben wird.[316] Inzwischen ist das Behörden- und Datenbanknetzwerk unübersichtlich geworden.

5.3.5 Quintessenz der Maßnahmestrategien

Als Quintessenz der Maßnahmestrategien der Behörden im Feld öffentlicher Sicherheit in Europa lässt sich feststellen, dass die Bedrohung durch den internationalen Terrorismus insbesondere seit 9/11 zu einer neuen sicherheitspolitischen Zielsetzung geführt hat, welche die Europäisierung der Inneren Sicherheit in Gang setzte und national sowie international den Sicherheitsverbund auch auf den Bereich des Katastrophenschutzes erweiterte. Die nationalen „Sicherheitspakete" zielten dabei darauf ab, ein „Sicherheitsgefühl" in der Bevölkerung zu befriedigen. Denn dieses wird in politischen Debatten zur Legitimation von (angeblich) vorbeugenden staatlichen Sicherheitsmaßnahmen häufig herangezogen. Daher stellt sich die Frage, ob das „Sicherheitsgefühl" der Bevölkerung überhaupt ein verteidigungswürdiges Schutzgut des Staates ist.[317]

5.4 Das „Sicherheitsgefühl" der Bevölkerung als verteidigungswürdiges Schutzgut des Staates

Mit dem „Instrument", das „Sicherheitsgefühl" der Bevölkerung zu stärken, werden z. B. „Zero Tolerance"-Strategien zur Gefahrenabwehr begründet, wie sie die New Yorker Polizeipraxis gegenüber sozialen Randgruppen in der Ära des Bürgermeisters Guiliani und seines Polizeichefs Bratton aufwiesen, deren Maßnahmen bisweilen von Diskriminierung, Brutalität und Unverhältnismäßigkeit geprägt waren.[318] Auch im Katastrophenschutz spielt das „Sicherheits-

316 Frevel, Sicherheit gewähren – Freiheit sichern, a. a. O. (Fn. 304), S. 3-4; Lange, Hans-Jürgen: Eckpunkte einer veränderten Sicherheitsarchitektur, a. a. O. (Fn. 200), S. 179-209; Pütter, Prävention, a. a. O. (Fn. 307), S. 3-15.

317 Siehe dazu den Beitrag von Schewe, Christoph S.: Der Schutz des Sicherheitsgefühls als Polizeiaufgabe?, JBÖS 2010/11, 1. Halbband, S. 289-300.

318 Vgl. Leiterer, Susanne P.: „Zero Tolerance" gegen soziale Randgruppen? Hoheitliche Maßnahmen gegen Mitglieder der Drogenszene, Wohnungslose, Trinker und Bettler in New York City und Deutschland, Berlin 2007.

gefühl" eine Rolle, wenn es um die Zustimmung der europäischen Bevölkerung für neue (Vorfeld-)Maßnahmen oder andererseits um die Verniedlichung von Großschadensgefahren geht. Es kann einerseits durch Verunsicherung der Bevölkerung beeinträchtigt werden, um eigene Strategien und Ziele zu verfolgen, zum Beispiel in Form einer historischen Berichterstattung über die Schweinegrippe, die 2009 durch das bundeseigene Robert Koch-Institut angefacht wurde, um die Zustimmung für den kostspieligen Ankauf von Impfstoffen zu erhalten.[319] Zum anderen kann aber auch ein „Sicherheitsgefühl" produziert werden, weil „Experten" in der Lage sind, die Menschen in Europa, die aufgrund fehlender Informationen die Zusammenhänge nicht erkennen können, in Sicherheit zu wiegen. Typisches Beispiel ist die geradezu stereotype Behauptung, dass Deutschland die sichersten Kernkraftwerke der Welt besäße.[320] Das „Sicherheitsgefühl" ist also nicht objektiv konkretisierbar, sondern steht vielmehr im Zusammenhang mit der – vor allem durch Politik und Medien inszenierten – subjektiven und vom jeweiligen Informationsstand abhängigen Risikowahrnehmung. Wenn die Wahrscheinlichkeit des Eintritts eines als Nachteil definierten Umstands als gering und das erwartete Schadensausmaß individuell als klein eingeschätzt wird, tritt automatisch ein Sicherheitsgefühl ein. Das „Sicherheitsgefühl" ist somit sehr individuell und von vielen – auch zufälligen – Faktoren abhängig. Es kann daher nicht als objektives Schutzgut eingestuft werden und deshalb nicht zur Begründung von Grundrechtseingriffen dienen.[321]

Daraus folgt, dass nicht nur in Notstandssituationen selbst, sondern erst recht im Vorfeld (nur) prognostizierter Schadenslagen die Menschenrechte Abwehrrechte gegen staatliche Maßnahmen bleiben. Dies gilt nicht nur für gefahrenabwehrende und für strafverfolgende, sondern auch für Maßnahmen des Katastrophenschutzes. Soweit es sich um Naturkatastrophen, Großschadensereignissen und Epidemien handelt, gilt die Verfassung uneingeschränkt fort, sodass rechtsstaatliche Grundsätze wie der Gesetzesvorbehalt, der Verhältnismäßigkeitsgrundsatz und die Rechtsweggarantie als tragende Elemente des Rechtsstaatsprinzips weiter fortwirken.[322] Dennoch gelingt es den Akteuren im Feld öffentlicher Sicherheit in Europa immer wieder, neue Maßnahmen mit Zustimmung der Bevölkerung durchzusetzen, sodass ihre Strategien hinterfragt werden müssen.

319 Vgl. Möllers, Das wahrgenommene Lebensrisiko, a. a. O. (Fn. 308), S. 171 f.

320 Vgl. dazu Möllers, Das wahrgenommene Lebensrisiko, a. a. O. (Fn. 308), S. 172 f.

321 Leiterer, „Zero Tolerance" gegen soziale Randgruppen? A. a. O. (Fn. 318), S. 366.

322 Möllers, Katastrophenschutz, a. a. O. (Fn. 242), S. 144, 149.

5.5 *Zustimmungsstrategien zur Durchsetzung von gewünschten staatlichen Maßnahmen*

Betrachtet man die vor allem in den Medien durch Vertreter der Polizei und Vertretern aus dem Politikfeld innere Sicherheit ausgetragenen öffentlichen sicherheitspolitischen Diskussionen seit 9/11, lässt sich feststellen, dass sich die Zustimmungsstrategien – begründet auf ein aufgebautes Feindbild – aus einer Mischung von Bedrohungsszenario, Erfolgsversprechen und Abwiegelungstaktik beruhen.

Obwohl einerseits herausgestellt wird, dass Deutschland zu den sichersten Ländern der Welt zählt[323], wird – als erste Strategie – immer wieder auf die vielfältigen und unberechenbarer gewordenen Bedrohungen insbesondere durch den islamistischen[324] Terrorismus hingewiesen.[325] Diesen Gefahren könnten die für Sicherheit zuständigen Behörden mit den vorhandenen rechtlichen Mitteln nicht mehr Herr werden, sodass ihnen weitere Befugnisse, „insbesondere ein intensiver internationaler Informationsaustausch"[326] eingeräumt werden müssen, wenn Sicherheit garantiert werden soll.

Im logischen Zusammenhang mit der ersten Strategie werden als zweite Strategie Versprechungen gemacht, dass mit den neuen Befugnissen mehr Sicherheit auch im Bereich der Katastrophenvorbeugung ermöglicht würde. Schließlich folgt als dritte Strategie die Abwiegelungstaktik, um die Zustimmung der Bevölkerung zu sicherheitspolitischen Maßnahmen zu erhalten. Diese besteht darin, den Menschen zu suggerieren, dass die freiheitsbeschränkenden Maßnahmen wie Lauschangriffe auf Wohnungen, Videoüberwachung öffentlicher Plätze, Ausforschung des PC, Speicherung der DNA oder verdachtsunabhängige Personenkontrollen nur die Terroristen und Kriminellen treffen würden und nicht diejenigen, die sich nichts zuschulden kommen lassen.[327]

Diese „Zustimmungstaktiken" sind auch in Zukunft zu erwarten, wenn die Maßnahmenstrategien zur Gewährleistung der inneren Sicherheit in politische Programme zu einer neuen Sicherheitsarchitektur umgesetzt werden sollen. Die bedrohliche Vision des „gläsernen Menschen" rückt angesichts des Sammelns biometrischer Daten bei der gesamten Bevölkerung und des Austausches dieser Daten europaweit immer näher. Eine Prognose, welche Balance

323 Schäuble, Wolfgang / Zypries, Brigitte: Vorwort, in: Bundesministerium des Innern / Bundesministerium der Justiz (Hrsg.), Zweiter Periodischer Sicherheitsbericht, Berlin November 2006, S. XLI.

324 Vgl. zum Beispiel die Bedrohungsszenarien im Verfassungsschutzbericht 2016, S. 3, 154 ff.

325 Frevel, Sicherheit gewähren – Freiheit sichern, a. a. O. (Fn. 304), S. 3; de Maizière, Vorwort zum Verfassungsschutzbericht 2016, a. a. O. (Fn. 285), S. 3.

326 de Maizière, Vorwort zum Verfassungsschutzbericht 2016, a. a. O. (Fn. 285), ebd.

327 Frevel, ebd.

von Sicherheit und Freiheit angesichts der bisherigen „Programme" zu prognostizieren ist, scheint daher kaum möglich.

5.6 Zusammenfassung und Ausblick auf Maßnahmestrategien im Feld transnationaler Terrorismus in Europa

Betrachtet man die gesetzlichen Entwicklungen sowie die aktuellen Diskussionen zu Fragen der Sicherheitspolitik, in denen immer neue „Datenpools" und „Standardmaßnahmen" gefordert werden (z. B. „Mautdaten", „biometrische Daten aller Europäer", die künftig jede Polizistin und jeder Polizist mit dem Digitalfunkgerät abfragen können soll, „Unterbindungsgewahrsam", „Online-Durchsuchungen", „Nacktscanner"), scheint die Sorge nicht unbegründet zu sein, dass Sicherheitsinteressen zum Vorwand für die Einschränkung individueller Freiheitsrechte führen. Vermittelt die subjektive Risikowahrnehmung, dass die Bedrohung durch den internationalen Terrorismus den Menschen in Europa eine Krisenzeit gebracht hat, geht Sicherheitspolitik sehr oft auf Kosten von Freiheitsrechten. Das zeigen nicht nur die in den „Programmen" der „Sicherheitspakete" niedergelegten Reaktionsmuster. Vielmehr ist die Statistik der eingegangenen Beschwerden beim Europäischen Gerichtshof für Menschenrechte (EGMR) ein weiterer Beleg. Die Zahl der registrierten Beschwerden stieg seit der Zulassung der Individualbeschwerde durch das 11. Zusatzprotokoll immer weiter an und liegt derzeit bei mehr als 50.000 Beschwerden pro Jahr.[328]

Die Rigorosität, die bei der Entwicklung neuer Maßnahmen, welche die Freiheitsrechte beschränken, von den Akteuren der Sicherheitspolitik an den Tag gelegt wird[329], lässt eine ähnliche Vorgehensweise im Katastrophenfall befürchten: Die deutschen Katastrophenschutzgesetze der Bundesländer beinhalten Hilfs- und Leistungspflichten, die unter bestimmten Voraussetzungen grundsätzlich jede Maßnahme gegenüber jedem Menschen zulassen.[330] Die zuständigen Behörden haben, wenn die Voraussetzungen vorliegen, ein weites Ermessen, ob sie Personen in Anspruch nehmen und welche Maßnahmen sie ihnen gegenüber ergreifen. In Betracht kommen Duldungspflichten z. B. für die Inanspruchnahme des Eigentums, etwa wenn auf einem Grundstück Einsatzleitungen oder Zeltstädte errichtet oder Obdachlose in Wohnungen eingewiesen werden. Aber auch aktive Arbeitsdienste wie z. B. die Mithilfe beim

328 Europäischer Gerichtshof für Menschenrechte (Hrsg.): Der EGMR in 50 Fragen, Strasbourg 2012, S. 11.

329 Vgl. Gathmann, Florian: G-8-Gefangene: Käfighaltung mit Nachspiel im Bundestag, Spiegel-online vom 12.6.2007, https://www.spiegel.de/politik/deutschland/0,1518,48 8128,00.html (letzter Abruf: 28.2.2024).

330 Vgl. z. B. für Schleswig-Holstein §§ 24-29 LKatSG-SH.

Deichbau, Durchführung von Absperrmaßnahmen etc. können verlangt werden. Die Heranziehung zu solchen Hilfsarbeiten im Katastrophenfall fällt dabei nicht unter den Begriff der verbotenen Zwangsarbeit nach Art. 4 EMRK, Art. 12 Abs. 2 GG. Für erlittene Schäden ist zwar grundsätzlich eine Entschädigung zu gewähren, die sich „nach dem für vergleichbare Leistungen im Wirtschaftsverkehr üblichen Entgelt" bemisst (§ 30 LKatSG-SH). Ersetzt werden regelmäßig aber nur die reinen Vermögensschäden sowie Schmerzensgeld bei Personenschäden. Schadenspositionen wie etwa ein entgangener Gewinn werden dagegen nicht ausgeglichen. Außerdem müssen die Entschädigungsansprüche mühselig über komplexe Verwaltungsverfahren und vor Gerichten geltend gemacht werden.

Auch wenn die deutsche Politik die Absicht hegt, den Boden des Rechtsstaats nicht verlassen zu wollen und Folter sowie Einsperrung ohne richterliches Verfahren nicht anwenden will, bleibt die Furcht vor Missachtung grundlegender Menschenrechte, weil der Staat kontinuierlich seine Kompetenzen der Vorfeldermittlung national und international erweitert und durch die Vernetzung der Behörden immer mehr Menschen den Zugang zu personenbezogenen Daten eingeräumt hat. Die Balance von Sicherheit und Freiheit ist nur durch eine liberale und verantwortungsvolle Sicherheitspolitik zu erreichen, bei der weder die Freiheitsrechte erdrückt werden, noch eine Freiheit angestrebt wird, die keine Sicherheit kennt. Für die Akteure der Sicherheitspolitik ist es zwar nur schwer zu akzeptieren, dass sie nicht in der Lage sind, den Menschen eine umfassende Sicherheit zu bieten. Sie müssen aber begreifen, dass weder die Flut von Maßnahmen, noch der Glauben, mit umfänglicher Technik sei Sicherheit herzustellen und beherrschbar, tatsächlich umfassende Sicherheit erbringt.

Abgesehen von der zumindest teilweisen Erfolglosigkeit technischer Einrichtungen werden außerdem neue „Unsicherheiten" auftreten. Wer will ernsthaft bestreiten, dass sich angesichts des Plans, *alle* biometrischen Daten *aller* Europäer zu sammeln, zu verarbeiten und *allen* europäischen Sicherheitsbehörden zur Verfügung zu stellen, die Gefahren eines Missbrauchs der Datenverwendung und Fehler im Datenpool drastisch erhöhen? Daher ist es unbedingt notwendig, die von der Politik inszenierte Risikoeinschätzung kritisch zu prüfen. Insbesondere ist zu fragen, welche Zusammenhänge und Ursachen ihre Basis bilden. In Anlehnung an Ulrich Becks Buch „Weltrisikogesellschaft"[331] können dabei folgende acht Fragen hilfreich sein:

1. Wer ist Entscheidungsträger für die Risikowahrnehmung und legt fest, welche Gefahren bestehen?

331 Beck, Weltrisikogesellschaft, a. a. O. (Fn. 269), S. 69.

2. Ist dieser Entscheidungsträger eher Betroffener der prognostizierten Gefahr oder eher der Profiteur der Vorsorgemaßnahmen, etwa weil sich Personal- und Sachmittel erhöhen?
3. Welche Art von (Nicht-)Wissen über Ursachen, Dimensionen und Akteure der prognostizierten Gefahren herrschen konkret vor?
4. Was wird als „Beleg“ für die Gefahrenprognose angegeben?
5. Welche von wem stammenden Informationen bilden die Grundlage für diesen „Beleg“?
6. Welche (Vorsorge-)Maßnahmen sollen die prognostizierten Gefahren abwenden?
7. Sind sie wirklich geeignet und auch erforderlich?
8. Stehen Aufwand und Belastung in einem angemessenen Verhältnis zum erwarteten Erfolg?

Will man die Balance von Freiheit und Sicherheit wahren, darf Sicherheit keinesfalls zum *obersten* Staatsziel ausufern, denn sie ist kein Selbstzweck, sondern soll die Freiheitsrechte absichern.[332] Außerdem: Alle staatlichen Gelder, die für Sicherheitsmaßnahmen ausgegeben werden, stehen anderen gesellschaftlichen Bereichen – zum Beispiel dem Bildungssektor – nicht mehr zur Verfügung.

332 Vgl. Lange, Eckpunkte einer veränderten Sicherheitsarchitektur, a. a. O. (Fn. 200), S. 209.

6 Folgerungen für empirische Untersuchungen

Für die praktische Durchführung von Projekten, die Möglichkeiten und Grenzen politisch-administrativer Steuerung von Stadtentwicklungsprozessen in suburbanen Gemeinden mit 40.000 bis 60.000 Einwohnern untersuchen will, bestimmt die vorangegangene Bedingungsanalyse städtischer Veränderungs- und Umstrukturierungsprozesse sowohl inhaltliche als auch methodische Vorgaben, die als Leitlinien für empirische Untersuchungen angesehen werden sollten.

6.1 Inhaltliche Vorgaben in einer empirischen Untersuchung

Die Städte und Gemeinden haben zwei Ressourcen zur Verfügung, nämlich Geld und Raum, mit denen sie die politisch-administrativen Steuerungen der Stadtentwicklungsprozesse lenken. Beide Ressourcen stehen eng miteinander in Verbindung. Die städtische Raumveränderung, die sichtbarer Ausdruck des Stadtentwicklungsprozesses ist, ist abhängig von den finanziellen Möglichkeiten der Gemeinde. Umgekehrt können die Struktur und die Gestalt des Gemeinderaums die finanziellen Einnahmen und Ausgaben der Gemeinde beeinflussen. Da die hier angedachten Untersuchungen kommunalpolitisches Handeln in den Mittelpunkt stellen und die politisch-administrativen Maßnahmen in den ausgewählten Gemeinden analysieren will, müssen die wichtigsten räumlichen Strukturen, die von den Gemeinden selbst gesteuert werden können, untersucht werden. Dazu zählen im Gegensatz etwa zu den Verkehrsinfrastrukturen, deren Einrichtung durch den Bau von Autobahnen, Bundes- und Landstraßen in erster Linie Bund und Land zustehen, die Wohnsiedlungsbereiche, Gewerbestandorte und das Stadtzentrum.

Politisch-administrative Maßnahmen zur Veränderung und Umstrukturierung dieser drei Standortbereiche bestimmen nämlich die Funktion der Gemeinde als Wohn-, Arbeits- oder Einkaufsstadt. Durch die kommunale Neuordnung haben die ausgewählten Gemeinden erhebliche Raumgewinne zu verzeichnen, die für sie neue Überlegungen zur künftigen Funktion ihrer Stadt ermöglichen.

Für entsprechende Untersuchungen ist es daher notwendig, für die politischen Entscheidungen zur städtebaulichen Entwicklung der ausgewählten Gemeinden Belege zu finden und auszuwerten, die Handlungs- und Entscheidungsspielräume der politisch-administrativen Maßnahmeträger widerspiegeln. Schwerpunkt der Untersuchung sollte es dabei sein festzustellen, ob die in den Anfangsjahren nach der kommunalen Neugliederung beschlossenen städtebaulichen Ziele im Laufe der folgenden Jahre politisch haltbar und durchsetzbar waren oder ob diese Ziele infolge gesetzgeberischer und konjunktureller Veränderungen wesentliche Änderungen erfuhren.

Zunächst sind dafür die natur- und kulturräumlichen Bedingungen und Voraussetzungen sowie Bevölkerungs- und infrastrukturelle Entwicklungen der ausgewählten Gemeinden festzustellen. In diesen Zusammenhang fällt auch die jeweilige Untersuchung der Finanzkraft dieser Gemeinden, die entscheidend ihren Handlungsspielraum bestimmte. Von ihr ist jeweils die Durchsetzung politisch-administrativer Planungen zur Stadtentwicklung abhängig. Als Bestimmungsfaktoren für die Finanzkraft muss die Analyse der ökonomischen und gesellschaftlichen Rahmenbedingungen sowie die Entscheidungen der überörtlichen politisch-administrativen Maßnahmenträger mit in den Kontext aufgenommen werden.

Entscheidend für die politischen Ziele der Stadtentwicklung ist ihre jeweilige Ausgangslage, die durch die Entwicklung der geplanten Verwaltungsgebietsreform bis zum Vollzug der kommunalen Neuordnung bestimmt wurde. Erst danach sind die kommunalpolitischen Auseinandersetzungen und Entscheidungen um das Stadtzentrum sowie des Wohnungsbaus und der Gewerbeansiedlung zu untersuchen. Dabei ist die politische Zielrichtung zur Stadtentwicklung der kommunalpolitisch-administrativen Funktionsträgerinnen und -träger vor allem auch bei der Aufstellung des Flächennutzungsplans und seiner Fortschreibung zu erkennen.

Diese inhaltlichen Vorgaben bestimmen die methodischen Grundlagen zur Organisation der Untersuchung.

6.2. Methodische Grundlagen zur Organisation einer Untersuchung zur Stadtentwicklung

Die Anwendung bestimmter Untersuchungsmethoden hat das Ziel, von einem genau definierten Ausgangspunkt zu einem vorher bestimmten festgelegten Zielpunkt zu gelangen. Für die Erforschung von Stadtentwicklungsprozessen in suburbanen Kommunen ist es deshalb notwendig, – bezogen auf diese Fragestellung – angemessene Methoden auszuwählen und einzusetzen. Sie bestimmen die Gültigkeit und Zuverlässigkeit der jeweiligen Untersuchung.

Forschungen und Analysen von (eher pressewirksamen) Einzelfällen, allgemeine „Betrachtungen über die Lage der Dinge“[333] oder schlichte Interpretationen von Sollvorstellungen[334] genügen deshalb zur Erforschung von Stadtent-

333 Grunow, Dieter / Hegner, Friedhart / Kaufmann, Franz-Xaver: Steuerzahler und Finanzamt. Bürger und Verwaltung Bd. I, Frankfurt a. M./New York 1978, S. 19.

334 Vgl. Grunow / Hegner / Kaufmann, Steuerzahler und Finanzamt, a. a. O. (Fn. 333), ebd.

Ob letztere tatsächlich in Kontakt treten werden, hängt einerseits vom „Ausmaß der Betroffenheit“[341] dieser Personen ab. Darüber hinaus steht die Kontaktaufnahme aber auch im Zusammenhang mit den Maßnahmen und Leistungen der Verwaltung, insbesondere in zeitlicher und sachlicher Hinsicht sowie auch in Bezug darauf, in welchem Ausmaß die Bürgerinnen und Bürger von der Verwaltung abhängig sind. Dies kann zum Beispiel sein, weil sie eine spezifische Leistung der Behörde – u. U. mit zeitlicher Dringlichkeit[342] – benötigen. Dabei sind aber tatsächliche Abhängigkeiten von nur subjektiven Einschätzungen von Abhängigkeiten zu unterscheiden, also die faktische Lage (Komponente) von der Einschätzung dieser Lage (Perspektive).[343]

Die Verwaltungsorganisation wird maßgeblich bestimmt von Normen und Regeln, welche die Aufbau- und Ablauforganisation betreffen. Außerdem beeinflussen die Strukturen der Kommunikation, die Autorität und Kontrolle, das Bedingungs- und Zweckprogramm sowie das Personal die Verwaltungsorganisation. Aber auch hier ist zu unterscheiden: Die Perspektive der Organisation wird durch faktisch ablaufende Prozesse auf der einen Seite (Komponente) geprägt, aber auch durch dahinterstehende – möglicherweise auch fehlerhafte – Einschätzungen von Personen (Perspektive) auf der anderen Seite. Denn „Aufgabengliederungspläne, Verwaltungsgliederungspläne, Geschäftsverteilungs-, Stellen- und Aktenpläne geben primär die normativ geprägte ‚idealisierte‘ Außendarstellung ab, die den tatsächlichen Kompetenzverteilungen oder Kommunikationsprozessen nur teilweise entsprechen.“[344]

Die Perspektive der Verwaltungsmitarbeiterinnen und -mitarbeiter ist einerseits bestimmt von den personalstrukturellen Gegebenheiten. Zu ihnen gehört etwa die Verteilung der unterschiedlich qualifizierten, erfahrenen und bewährten Beschäftigten auf Abteilungen und Sachgebiete einer Behörde mit verschiedenem formalem und faktischem Prestige. Andererseits wird die Perspektive der Verwaltungsmitarbeiterinnen und -mitarbeiter vor allem von ihren persönlichen Bedürfnissen und Motivationen, Überzeugungen und Vorstellung zur Handlungsbereitschaft und -fähigkeit bestimmt. Auch hier ist zwischen den faktisch vorhandenen Gegebenheiten (Komponente) und den darauf gerichteten Einschätzungen und Bewertungen (Perspektive) zu unterscheiden.[345]

---

341 Grunow / Hegner / Kaufmann, Steuerzahler und Finanzamt, a. a. O. (Fn. 333), S. 23.

342 Man denke nur an die Ausstellung eines Reisepasses oder eines internationalen Führerscheins kurz vor Antritt einer Urlaubsreise, noch dazu für die Reise in ein Land, in dem beides nicht unbedingt benötigt wird, was der Antragsteller aber nicht weiß.

343 Vgl. zu diesem Abschnitt Grunow / Hegner / Kaufmann, Steuerzahler und Finanzamt, a. a. O. (Fn. 333), S. 23 f.

344 Grunow / Hegner / Kaufmann, Steuerzahler und Finanzamt, a. a. O. (Fn. 333), S. 21.

345 Vgl. Grunow / Hegner / Kaufmann, Steuerzahler und Finanzamt, a. a. O. (Fn. 333), S. 22 f.

Die Anwendung des Mehrperspektivenansatzes setzt die Mehrmethodenuntersuchung voraus. Diese stützt sich nicht allein auf eine einzige Forschungsmethode, sondern untersucht nach mehreren Methoden. Beide Ansätze bedingen die Mehrebenenanalyse, also die Untersuchung auf den Ebenen unterschiedlicher Objektbereiche.

Bei Verwendung des Mehrperspektivenansatzes wird – wie oben dargelegt – zwischen faktischen Gegebenheiten (Komponenten) und auf Einschätzung beruhenden Gegebenheiten (Perspektiven) differenziert. Allein die Unterscheidung von faktischen, organisatorischen, personellen sowie interaktiven Komponenten von Perspektiven, die von speziellen Einstellungen und Einschätzungen getragen sind, erfordert aber den Einsatz sowohl reaktiver Erhebungsmethoden in Form von Fragebogen und Interviews wie auch nichtreaktiver Erhebungsmethoden in Form der Analyse von Dokumenten oder systematischer Beobachtung von Interaktionen.[346] Aber auch bei Untersuchungen, die sich auf eine oder wenige Perspektiven beschränken, beim Verhältnis Bürger und Verwaltung etwa nur auf die Verwaltungsmitarbeiterinnen und -mitarbeiter, führt der Mehrmethodenansatz zu besseren Messergebnissen. Denn wenn ein Satz durch zwei oder mehr unabhängige Messvorgänge bestätigt worden ist, ist die Fehlerquote seiner Interpretation weitgehend reduziert.[347]

Der Mehrebenenansatz hat in einer Untersuchung über das Verhältnis zwischen Bürger und Verwaltung eine besondere Bedeutung. Denn die verschiedenen Komponenten des Bürger-Verwaltung-Verhältnisses wie „potentielle Kontaktbürgerin“ bzw. „potentieller Kontaktbürger“, „aktuelle Kontaktbürgerin“ bzw. „aktueller Kontaktbürger“, „Verwaltungsorganisation“ und „Verwaltungsmitarbeiterin“ bzw. „Verwaltungsmitarbeiter“ ergeben in Bezug auf ihre empirische Erfassbarkeit, dass „es sich dabei keinesfalls um ohne weiteres vergleichbare Einheiten der Erhebung und Analyse handelt, sondern daß unterschiedliche Aggregationsniveaus zu berücksichtigen sind“.[348] Zu diesen Aggregationsniveaus gehören zum Beispiel

- die Daten über die Behörde insgesamt, wobei etwa die Größe des Personalbestandes und die Anzahl der Dienstzimmer untersucht wird,
- die Daten über die Kontaktsituation, wobei zum Beispiel die Anzahl der anwesenden Personen, die Anzahl der Stühle und die Anzahl der gegenseitigen Fragen und Antworten im Verlauf eines Kontaktgesprächs untersucht wird sowie

346 Vgl. Grunow / Hegner / Kaufmann, Steuerzahler und Finanzamt, a. a. O. (Fn. 333), S. 28 f.
347 S. Webb, Nichtreaktive Messverfahren, a. a. O. (Fn. 335), S. 15.
348 Grunow / Hegner / Kaufmann, Steuerzahler und Finanzamt, a. a. O. (Fn. 333), S. 32.

- die Daten über einzelne Personen, wobei zum Beispiel Alter und Geschlecht des Kontaktbürgers sowie sein Wissen über die Rechtsgrundlagen seines Anliegens sowie Alter, Geschlecht und Einkommen der Bearbeiterin bzw. des Bearbeiters untersucht wird.

Diese Aggregationsniveaus formulieren das Grundprinzip der Mehrebenenanalyse.[349]

Die meisten sozialwissenschaftlichen Forschungsansätze basieren auf den Methoden Fragebogen und Interview, obwohl diese Methoden, indem sie sich als fremdes Element in die zu beschreibende soziale Situation hineindrängen, nicht unproblematisch sind.[350] Weitere Methoden finden auch bei Untersuchungen des Verhältnisses zwischen Bürger und Verwaltung nur ungenügend ihren Einsatz.[351]

Sozioökonomische und baulich-räumliche Umstrukturierungs- und Veränderungsprozesse haben mehrere Perspektiven und Komponenten: Im Mittelpunkt steht die sichtbar gewordene Veränderung, an der Bürger, Politiker und Verwaltungsmitarbeiter nicht nur auf kommunaler Ebene in unterschiedlicher Intensität beteiligt waren. Zu unterscheiden sind dabei die Ursachen für diese tatsächliche Veränderung.

Ursache für die später erfolgte tatsächliche Veränderung können einmal faktische Gegebenheiten sein, etwa die Änderung des Bebauungsplans von Mehrfamilienhausbebauung in Einfamilienhausbebauung als Folge der tatsächlichen Nachfragesituation. Zum anderen können aber auch Ursache für die erfolgte Veränderung allein auf bloßer Einschätzung beruhende Gegebenheiten sein, etwa wenn die Planung von Wohnsiedlungsbereichen sich allein auf Prognosen stützt. Die Prozesse der Stadtentwicklung werden zudem maßgeblich von Normen und Regeln bestimmt, die mittelbar oder unmittelbar die Umstrukturierungen und Veränderungen bestimmen. Auch ist in der Perspektive der politisch-administrativen Organisation zwischen den faktisch ablaufenden Prozessen auf der einen sowie den dahinterstehenden Einschätzungen von Personen auf der anderen Seite zu unterscheiden. Denn tatsächliche Bindungen an Rechtsnormen und Abhängigkeiten innerhalb der politisch-administrativen Organisation sind von nur subjektiven Einschätzungen von Abhängigkeiten zu unterscheiden, also die faktische Lage von der Einschätzung dieser Lage.[352] Bei

349 Vgl. Grunow / Hegner / Kaufmann, Steuerzahler und Finanzamt, a. a. O. (Fn. 333), ebd.

350 Webb, Nichtreaktive Messverfahren, a. a. O. (Fn. 335), S. 15.

351 Vgl. dazu die Ausführungen bei Phillips, Derek L.: Knowledge from what? Theories and Methods in Social Research, Chicago 1971; Cicourel, Aaron Victor: Methode und Messung in der Soziologie, Frankfurt a. M. 1974 sowie Grunow / Hegner / Kaufmann, Steuerzahler und Finanzamt, a. a. O. (Fn. 333), S. 30 m. w. N.

352 Vgl. dazu Grunow / Hegner / Kaufmann, Steuerzahler und Finanzamt, a. a. O. (Fn. 333), S. 23 f.

Verwendung des Mehrperspektivenansatzes wird somit zwischen tatsächlichen und auf Einschätzung beruhenden Gegebenheiten differenziert.

Allein die Unterscheidung von faktischen, organisatorischen, personellen sowie interaktiven Komponenten von Perspektiven, die von speziellen Einstellungen und Einschätzungen getragen sind, erfordert aber den Einsatz sowohl reaktiver Erhebungsmethoden zum Beispiel in Form des Experteninterviews wie auch nichtreaktiver Erhebungsmethoden in Form der Analyse von Dokumenten oder systematischer Beobachtung von Interaktionen.[353] Der Mehrebenenansatz hat in einer Untersuchung über Stadtentwicklungsprozesse eine besondere Bedeutung. Denn die verschiedenen Komponenten des Stadtentwicklungsprozesses wie Lage, Größe, Finanzkraft, historische Entwicklung oder Zusammensetzung der politisch-administrativen Funktionsträger der Gemeinden ergeben in Bezug auf ihre empirische Erfassbarkeit, dass es sich dabei keinesfalls um ohne weiteres vergleichbare Einheiten der Erhebung und Analyse handelt, sondern dass unterschiedliche Untersuchungsniveaus zu berücksichtigen sind.[354] Zu diesen Untersuchungsniveaus gehören zum Beispiel:

- die Daten über die Gemeinde insgesamt, wobei etwa natur- und kulturräumliche Bedingungen, Bevölkerung, Finanzkraft, Wirtschaft und Verkehr sowie die kulturelle Infrastruktur untersucht werden,
- die Daten über die Ausgangssituation, wobei die Entwicklung der Verwaltungsgebietsreform bis zur kommunalen Neugliederung in den Gemeinden untersucht wird, sowie
- die Daten über die politisch-administrativen Funktionsträger wie Rat, Verwaltung, politische Parteien, wobei zum Beispiel der Parteienproporz in Rat und Verwaltung sowie die unterschiedlichen parteipolitischen Auffassungen in einzelnen Entscheidungsphasen der jeweiligen Gemeindeentwicklung untersucht werden.

Diese Untersuchungsniveaus formulieren das Grundprinzip der Mehrebenenanalyse.[355]

6.2.2 Die für die Untersuchung angewandten Methoden der empirischen und qualitativen Sozialforschung

Hauptgrundlage für diese Untersuchungen sind die Fallstudien- und die vergleichende Methode. Mit der Fallstudienmethode wird die genaue Rekonstruk-

353 Vgl. Grunow / Hegner / Kaufmann, Steuerzahler und Finanzamt, a. a. O. (Fn. 333), S. 28 f.
354 Grunow / Hegner / Kaufmann, Steuerzahler und Finanzamt, a. a. O. (Fn. 333), S. 32.
355 Vgl. zu diesem Abschnitt: Grunow / Hegner / Kaufmann, Steuerzahler und Finanzamt, a. a. O. (Fn. 333), ebd.

tion des empirisch-konkreten Stadtentwicklungsprozesses in zwei Beispiel-Gemeinden des suburbanen Raums angestrebt. Fallstudienansätze haben zwar das Problem der Verallgemeinbarkeit, d. h. es stellt sich die Frage, in welchem Maße das Wissen und die Erkenntnisse aus einem konkreten Fall verallgemeinert werden können. Diese Schwäche des Fallstudienansatzes kann aber mit der vergleichenden Methode teilweise ausgeglichen werden. Denn der Vergleich zweier verschiedener Fälle, die Ähnlichkeiten und Abweichungen ergeben, dient dazu, die Stadtentwicklungsprozesse neuer Mittelstädte des suburbanen Raums deutlicher herausarbeiten zu können, zumindest aber wenigstens deren Variationsbreite zu erforschen. Die Verallgemeinerung aus den Einzelfallstudien kann dann stichhaltig begründet werden, wenn „die wesentlichen Aspekte des empirischen Befunds nicht auf Eigentümlichkeiten der beteiligten Akteure zurückzuführen sind, sondern [...] [wenn] sie sich rekonstruieren lassen als Resultat von allgemeinen Faktoren, die auch in anderen ähnlichen Fällen am Werk sind“.[356]

Für die Untersuchung sollte zunächst auf die empirische Gewinnung von Daten und Informationen aus staatlichen und städtischen Quellen, Dokumenten der öffentlichen Meinung und durch eigene Beobachtungen zurückgegriffen werden. Dabei handelt es sich bei den staatlichen Quellen in erster Linie um Neugliederungsgesetze, Landtagsdrucksachen, Finanz- und Landesentwicklungspläne sowie statistische Veröffentlichungen des jeweiligen Bundeslandes. Bei den städtischen Quellen können Rats- und Ausschussprotokolle, Redetexte politisch-administrativer Funktionsträger[357], Verwaltungsberichte, Akten des Hauptamts über die Einbringung von Ratsvorlagen, Akten des Planungsamts über die Erstellung des Flächennutzungsplans sowie Ergebnisse gemeindein- oder -externer Forschungsprogramme bezüglich der städtischen Entwicklungen genutzt werden. Da es sich bei den Rats- und Ausschussprotokollen weitgehend lediglich um Ergebnisprotokolle handelt, ist es unverzichtbar, auch Zeitungsartikel örtlicher und ggf. überörtlicher Tageszeitungen mit auszuwerten, da Zeitungsartikel parteipolitische Auseinandersetzungen erheblich deutlicher widerspiegeln können, als es sich etwa aus den Ratsprotokollen ergibt. Ergänzend wird die eigene Beobachtung durch Erkundung der jeweiligen Gemeindegebiete herangezogen, um die tatsächliche Umsetzung der Stadtentwicklungsplanung in den sichtbaren Raum nachvollziehen zu können.

Für die Analyse muss darüber hinaus die thematisch relevante Literatur ausgewertet werden, wobei auch – wenn vorhanden – Forschungen über die Gemeinden selbst mit einbezogen werden sollen. Da die Arbeit Stadtentwicklungspro-

356 Keck, Otto: Der Schnelle Brüter. Eine Fallstudie über Entscheidungsprozesse in der Großtechnik, Frankfurt a. M., New York 1984, S. 291.

357 Z. B. Fraktionsvorsitzende im Gemeinderat, Bürgermeister, Stadtdirektor, Kämmerer etc.

zesse untersuchen will, ist ebenfalls die Auswertung von Kartenmaterial unerlässlich, das räumliche Veränderungen in der Stadtstruktur besonders verdeutlicht.

Die gemeindlichen Stadtentwicklungsprozesse, die nicht mit den bisher genannten Untersuchungsmethoden[358] erforscht werden können, sollten schließlich durch eine Methode der qualitativen Sozialforschung, das Experteninterview, ermittelt werden.[359] Als Experte wird dabei angesehen, „wer in irgendeiner Weise Verantwortung trägt für den Entwurf, die Implementierung oder die Kontrolle einer Problemlösung oder wer über einen privilegierten Zugang zu Informationen über Personengruppen oder Entscheidungsprozesse verfügt".[360] Diese Form eines Leitfadengesprächs zeichnet sich durch die offene Gesprächsführung aus. Es werden zwar Schlüsselfragen gestellt, damit eine gewisse Vergleichbarkeit der Interviews und die Behandlung aller forschungsrelevanten Themen erreicht werden, dennoch ist die Ausformulierung und Reihenfolge der Fragen nicht vorgegeben. Durch die offene Gesprächsführung und die Ausdehnung von Antwortenspielräumen kann „der Bezugsrahmen der Befragten bei der Fragenbeantwortung miterfasst werden [...], um so einen Einblick in die Relevanzstrukturen und die Erfahrungshintergründe des Befragten zu erlangen".[361] Diese Gespräche bieten auch die Möglichkeit, unaufgezeichnete Daten und Fakten in Erfahrung zu bringen. Unmittelbar nach den Gesprächen mit den Experten werden dann Gedächtnisprotokolle gefertigt.

Werden die inhaltlichen als auch methodischen Vorgaben als Leitlinien für empirische Untersuchungen berücksichtigt, lassen sich entsprechende Projekte, die Möglichkeiten und Grenzen politisch-administrativer Steuerung von Stadtentwicklungsprozessen in suburbanen Gemeinden mit 40.000 bis 60.000 Einwohnern untersuchen will, praktisch durchführen.

358 Vgl. dazu insgesamt Schnell, Rainer / Hill, Paul B. / Esser, Elke: Methoden der empirischen Sozialforschung, 11. Aufl., München 2018.

359 Vgl. dazu Möllers, Martin H. W.: Empirische Methoden in Studien der Polizei. Experteninterview und Fragebogen, 2. Aufl., VfP, Frankfurt am Main 2022.

360 Meuser, Michael / Nagel, Ulrike: ExpertInneninterviews – vielfach erprobt, wenig bedacht. Ein Beitrag zur qualitativen Methodendiskussion; in: Garz / Kraimer (Hrsg.), Qualitativ-empirische Sozialforschung. Konzepte, Methoden, Analysen. Opladen 1991, S. 443. Vgl. auch Meuser, Michael / Nagel, Ulrike: Experteninterview; in: R. Bohnsack, W. Marotzki, M. Meuser (Hrsg.), Hauptbegriffe Qualitativer Sozialforschung, Opladen 2003, S. 57-59 sowie Meuser, Michael / Nagel, Ulrike: Experteninterview; in: Nohlen, Schultze (Hrsg.), Lexikon der Politikwissenschaft, Bd. 1, 2. Aufl., München 2004, S. 214 f.

361 Schnell, Rainer / Hill, Paul B. / Esser, Elke: Methoden der empirischen Sozialforschung, 11. Aufl., München 2018, S. 352. Vgl. auch Möllers, Empirische Methoden in Studien der Polizei, a. a. O. (Fn. 359), S. 30 f., Rn. 43 ff.

Autorenhinweis

Martin H. W. Möllers, Professor Dr. phil.; Dipl. Soz. Wiss.; Studienassessor; Politikwissenschaftler und Jurist sowie Historiker und Geograph; lehrte Staats- und Gesellschaftswissenschaften an der Hochschule des Bundes, Zentralbereich (Brühl/Rheinland) und Fachbereich Bundespolizei (Lübeck) von WS 1987/88 bis einschließlich 11/2018, ist Hrsg. des Wörterbuchs der Polizei (C. H. Beck, München) bis zur 3. Aufl., Hrsg. der Studienbücher für die Polizei (VfP, Frankfurt am Main), Hrsg. des Jahrbuchs Öffentliche Sicherheit (JBÖS) seit 2001 (VfP / Nomos, Baden-Baden) sowie Schriftleiter der Jahrbücher für Heimatkunde Oldenburg / Ostholstein seit 2020, Heringsdorf in Holstein.
🕮 Neue Mittelstädte im suburbanen Raum. Kommunale Neugliederung, wirtschaftlicher Wandel und politisch-administrative Stadtentwicklungssteuerung, untersucht am Beispiel Erftstadt und Sankt Augustin. Duisburger Geographische Arbeiten, Band 16, Dortmunder Vertrieb für Bau- und Planungsliteratur, Dortmund 1996; Die Polizei des Bundes in der rechtsstaatlichen pluralistischen Demokratie, Leske + Budrich, Opladen 2003; Strafrecht in der Sozialarbeit, Walhalla, Regensburg 2005; (Doppel)-Staat und Gruppeninteressen, Nomos, Baden-Baden 2009; Der Bundespräsident im politischen System, Springer VS, Wiesbaden 2012; Handbuch Bundesverfassungsgericht im politischen System, 2. Aufl., Springer VS, Wiesbaden 2015; Verfassungs-Kultur. Staat, Europa und pluralistische Gesellschaft bei Peter Häberle, Nomos, Baden-Baden 2016; Management Knigge, 3. Aufl., VfV, Frankfurt am Main 2017; Wörterbuch der Polizei, 3. Aufl., C. H. Beck, München 2018; Bundesverfassungsgericht und Öffentliche Sicherheit, 2 Bde., 5. Aufl., VfP, Frankfurt am Main 2019; Grundrechte bei der Polizei, VfP, 4. Aufl., Frankfurt am Main 2019; Karl Popper und das Staatsverständnis des Kritischen Rationalismus, Nomos, Baden-Baden 2019; Informatik in der Verwaltung, 3. Aufl., VfV, Frankfurt am Main 2020; Stadtentwicklung durch die Kommunalverwaltung, 3. Aufl., VfV, Frankfurt am Main 2020; Bürgernahe Verwaltung, 2. Aufl., VfV, Frankfurt am Main 2021; Die Verwaltung der Öffentlichen Sicherheit, 3. Aufl., VfV, Frankfurt am Main 2021; „Der Staat ist von Verfassungs wegen nicht gehindert...“. National-liberaler Etatismus im Staatsverständnis des Bundesverfassungsgerichts, Nomos, Baden-Baden 2021; Didaktik für die Polizei, 5. Aufl., VfP, Frankfurt am Main 2022; 150 Jahre Gesetzgebung in Deutschland, Springer Nature, Heidelberg 2022; Angewandte Wissenschaft und Polizei, 3. Aufl., VfP, Frankfurt am Main 2022; Polizeireform – gewollt, gescheitert?, 3. Aufl., VfP, Frankfurt am Main 2023; Demonstrationsrecht im Wandel, 4. Aufl., VfP, Frankfurt am Main 2023; Volkssouveränität, Sicherheitspolitik, Bürgerverhalten und Lebensrisiko, 4. Aufl., VfP, Frankfurt am Main 2023; Bundespolizei, 5. Aufl.,

VfP, Frankfurt am Main 2023; Öffentliche Sicherheit und Gesellschaft, 6. Aufl., VfP, Frankfurt am Main 2023; Bundesverfassungsgericht und Sicherheitsrecht, VfP, Frankfurt am Main 2024; Handbuch Bundesverfassungsgericht im politischen System, 3. Aufl., Springer VS, Wiesbaden 2024. Weitere Publikationen (mehr als 90 Bücher sowie mehr als 200 Buch- und Zeitschriftenbeiträge) unter https://www.JBÖS.de/Herausgeber sowie https://www.Möllers.info oder im Schriftenverzeichnis bei: Lemke / van Ooyen (Hrsg.), Grundrechte – Menschenrechte – Polizei. Perspektiven im Spannungsfeld von Sicherheit und Freiheit, FS für Martin H. W. Möllers, Springer VS, Wiesbaden 2022, S. 501-521.